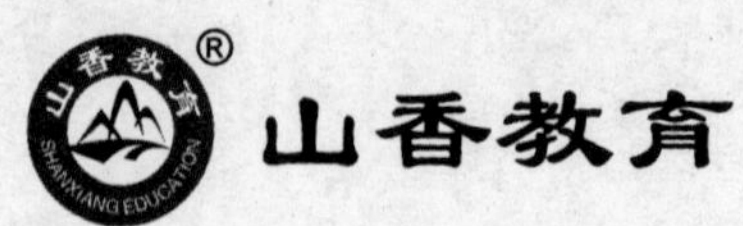

教师招聘考试
历年真题解析及预测试卷
中学数学

山香教师招聘考试命题研究中心　主编

图书在版编目(CIP)数据

教师招聘考试历年真题解析及预测试卷．中学数学／山香教师招聘考试命题研究中心主编．-- 北京：首都师范大学出版社，2023.2

ISBN 978-7-5656-7254-5

Ⅰ．①教… Ⅱ．①山… Ⅲ．①中学数学课－教学法－中学教师－聘用－资格考试－习题集 Ⅳ．①G451.1-44

中国版本图书馆 CIP 数据核字(2022)第 204815 号

教师招聘考试历年真题解析及预测试卷

ZHONGXUE SHUXUE

中学数学

山香教师招聘考试命题研究中心　主编

策划编辑　张文强

责任编辑　连景岩　曹亮亮　　封面设计　山香教育

首都师范大学出版社出版发行

地　　址　北京市海淀区西三环北路 105 号

邮　　编　100048

咨询电话　010－68418523(总编室)　010－68982468(发行部)

网　　址　http://cnupn.cnu.edu.cn

印　　刷　河南黎阳印务有限公司

经　　销　全国新华书店

版　　次　2023 年 2 月第 1 版

印　　次　2023 年 2 月第 1 次印刷

开　　本　787mm×1092mm　1/16

印　　张　14.5

字　　数　325 千

定　　价　42.00 元

前　言

近年来，国家扩大和补充教师队伍的政策力度不断加大，教育部指出："深化教师队伍补充机制改革，确保教师聘用质量。全面推行新任教师公开招聘制度，形成长效机制。"这意味着教师招聘考试各方面将日益规范和深入。对每一位立志成为人民教师的考生来说，这既是新的契机，也将是巨大的挑战。教师招聘考试（教师入编考试，简称招教）是我国公开招聘教师的选拔性考试，其目的是为教育行政部门录用优秀教师提供参考。各地依据考生笔试成绩，结合面试情况，按已确定的招聘计划择优录取。

考生如何在严峻的教师招聘考试中脱颖而出呢？除了要具备扎实的专业知识外，短时间内系统、针对性的复习和训练也是必备的。为了让更多考生有针对性地备考，使复习有方向、有条理，作为国内研究开发教师招聘考试辅导教材的专业机构，山香教育专门为有志于教育事业、需要通过教师招聘考试实现人生理想的广大考生朋友推出了本套试卷。2022 年，我们根据新的招教考试文件和考试精神，结合历年真题，编写了《教师招聘考试历年真题解析及预测试卷.中学数学》试卷。

本试卷具有以下特点：

第一，真题新。本套试卷历年真题部分精选了全国各地教师招聘考试具有代表性的新真题，知识点涵盖全面且题型丰富多样化，透视了课程标准和考试大纲的要点，预示了教师招聘考试的命题趋势。

第二，内容精。押题试卷部分是在充分研究各地考情和历年真题的基础上修订的。它注重对思想和方法的考查，注重对能力的考查，同时兼顾试题的基础性、综合性和现实性，重视试题间的层次性，坚持多角度、多层次的考查，努力实现综合素养的要求。

本套试卷难免存在一些不足之处，衷心希望各位读者朋友批评指正，同时希望这套试卷能为考生顺利通过招教考试提供帮助。

编　者

目　录

注：标星的试卷涵盖《义务教育数学课程标准》（2022 年版）的考点

参考答案及解析单独成册

真题试卷

2022 年 6 月浙江省杭州市教育系统公开教师招聘考试真题试卷(一)

中小学数学

(时间:120 分钟　总分:100 分)

本套试卷共 21 小题,包括单项选择题(10 小题),填空题(6 小题),解答题分为小学必做 A 组题目(6 小题)与中学必做 B 组题目(5 小题)。本试卷仅收录中学必做题目。

一、单项选择题(本大题共 10 小题,每小题 3 分,共 30 分)

1. 下面算式中,结果最大的是(　　)

A. $\frac{1}{7}+\frac{1}{13}$　　B. $\frac{1}{17}+\frac{1}{29}$　　C. $\frac{1}{31}+\frac{1}{37}$　　D. $\frac{1}{41}+\frac{1}{47}$

2. 函数 $f(x)=\sin\left(2x+\frac{\pi}{4}\right),x\in\mathbf{R}$ 的最小正周期是(　　)(常考)

A. 2π　　B. π　　C. $\frac{\pi}{2}$　　D. $\frac{\pi}{4}$

3. 将一个正方体的表面涂成红色,然后把它切成 27 个小正方体,那么三面红色的小正方体有(　　)个。(易混)

第 3 题

A. 12　　B. 8　　C. 6　　D. 4

4. 计算一组数据的平均数和方差时,若将原数据每一个数都减去某个相同的正数,然后对所得的新数据进行统计分析,新数据与原数据相比(　　)

A. 平均数不变,方差减小　　B. 平均数增加,方差增加

C. 平均数减小,方差不变　　D. 平均数减小,方差减小

5. 每个学校有 1 个校长,1 个书记,开会时只需去一位校长或书记,但不能缺席。已知最近三次会议每校只有一人参会(如下表:●出席;○没出席)。

	赵	钱	孙	李	王	陈
1	○	●	●	●	○	○
2	●	○	●	○	○	●
3	○	○	○	●	●	●

如果一所学校的校长是钱,那么这所学校的书记是(　　)

A. 赵　　B. 李　　C. 王　　D. 陈

6. 一个不透明的布袋中装有除颜色外,其他都相同的三个小球,把它们分别标号 1,2,3,随机摸出一个小球记下数字后放回,再随机摸出一个小球记下数字,两次摸出的小球标号的和为 5 的概率为(　　)

A. $\frac{1}{9}$　　B. $\frac{2}{9}$

C. $\frac{1}{3}$　　D. $\frac{2}{3}$

7. 有一只走不准的表,每小时比标准时间快 4 分钟,在标准时间中午 12 点时将这只走不准的表校准,那么这只走不准的表指向 16 点时,标准时间是(　　)(易错)

第 7 题

A. 15:44　　B. 15:45

C. 15:42　　D. 16:16

8. 已知 $(-1,y_1),(1,m),(2,y_2),(3,n),(4,y_3)$ 在二次函数 $y=x^2+ax$(a 为常数)的图象上,若 $mn<0$,则(　　)

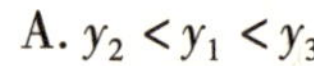

第 8 题

A. $y_2<y_1<y_3$　　B. $y_2<y_3<y_1$

C. $y_3<y_2<y_1$　　D. $y_1<y_2<y_3$

9. 平行四边形 $ABCD$ 中,$1<\frac{AB}{BC}<2$,$\angle DAB$ 与 $\angle ABC$ 的角平分线 AE,BF 交于点 G,若 $DF=\frac{3}{2}EF$,则 $S_{四边形BCEG}:S_{\triangle ABG}=$(　　)

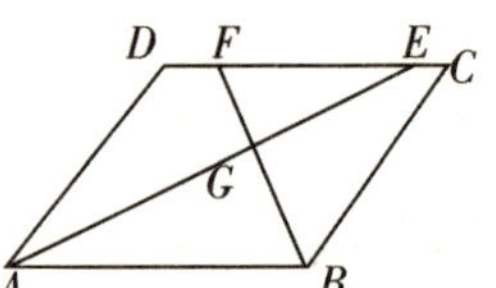

A. $\frac{3}{4}$　　B. $\frac{11}{16}$

C. $\frac{23}{32}$　　D. $\frac{45}{64}$

10. 已知 A,B,C 为球 O 的球面上的三个点,圆 O_1 为 $\triangle ABC$ 的外接圆,若圆 O_1 的面积为 4π,$AB=BC=AC=OO_1$,则球 O 的表面积为(　　)

A. 64π　　B. 48π

C. 36π　　D. 32π

二、填空题(本大题共 6 小题,每小题 4 分,共 24 分)

11. 已知 $f(x)=\begin{cases}2x+3,x<1,\\ \ln(\sqrt{1+x^2}-x),x\geqslant1,\end{cases}$ 则 $f(-2)=$________。

12. 有一块直径为 16 cm 的半圆形木板,现将它沿直线从 Ⅰ 号位无滑动地向右翻滚到 Ⅲ 号位,如图。在这一过程中,点 O 走过的路程是________ cm。(结果请用最简的含有 π 的式子表示)

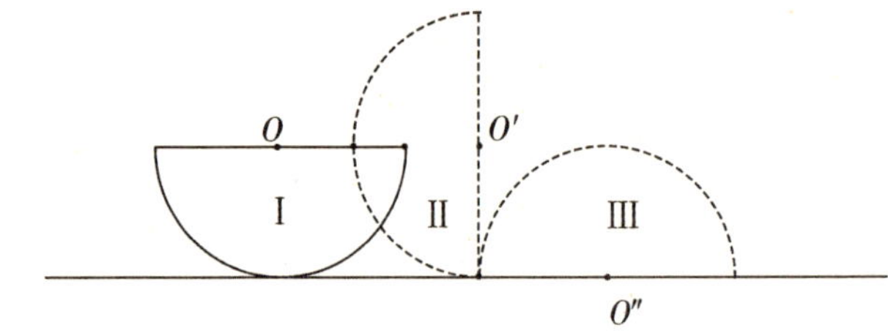

46. 如图，已知四边形 $ABCD$ 是菱形，点 B 的坐标为 $(2,0)$，点 C 的坐标为 $(7,0)$，$\sin\angle ADC=\frac{3}{5}$，直线 $y=kx+2-k$ 与菱形 $ABCD$ 有交点，则 k 的取值范围是(　　)

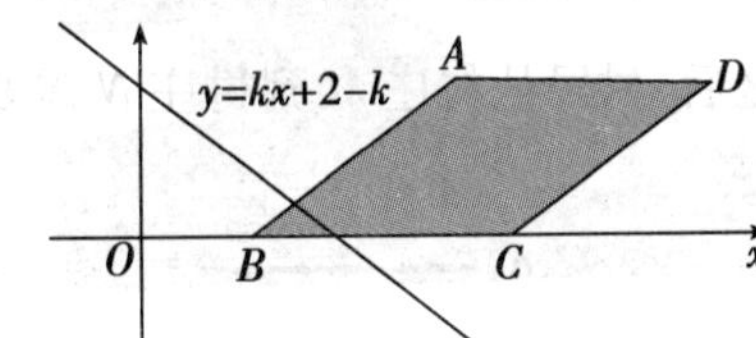

A. $-\frac{1}{3}\leqslant k\leqslant\frac{1}{5}$　　B. $-\frac{1}{3}\leqslant k\leqslant 0$

C. $-2\leqslant k\leqslant\frac{1}{5}$　　D. $0\leqslant k\leqslant\frac{1}{5}$

47. 如图，AB 是圆 O 的一条弦，且 $AB=2$，点 C 是圆 O 上的一个动点，且 $\angle ACB=45°$，D,E 分别是 AB,BC 上的点，且 $DE\,/\!/\,AC$，$\frac{S_{\triangle BDE}}{S_{\triangle BAC}}=\frac{1}{4}$，则 DE 的最大值为(　　)

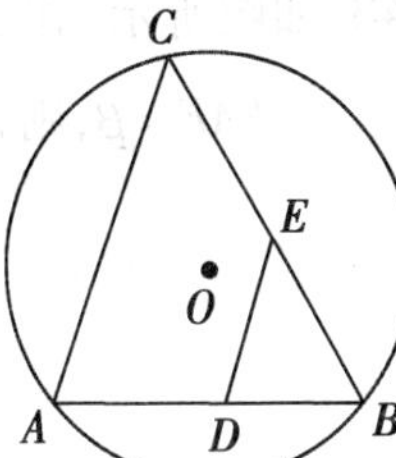

A. 2　　B. $\frac{4}{3}$

C. $\sqrt{2}$　　D. 1

48. 已知抛物线 $y=x^2-8x+7$ 与 x 轴相交于 A,B 两点(点 A 在点 B 的左侧)，该抛物线的对称轴与 x 轴交于点 S，点 P 是以 $C(4,4)$ 为圆心，半径为 1 的圆上的一个动点，如果点 Q 是线段 PA 的中点，连结 SQ，则线段 SQ 的最小值是(　　)

A. $\frac{5}{2}$　　B. 2　　C. $2\sqrt{6}$　　D. 3

49. 如图所示为一拱形门，其跨度为 $2\sqrt{7}$ m，该拱形门所在圆的半径为 3 m，则该拱形门的拱高约为(　　)($\sqrt{2}\approx1.414$，$\sqrt{3}\approx1.732$，答案保留两位小数)

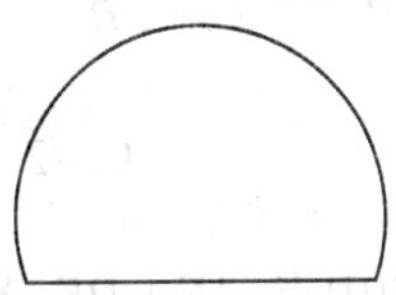

A. 4.41 m　　B. 4.37 m　　C. 4.17 m　　D. 4.09 m

50. 从 $\frac{\pi}{2}$，$\sin2021°$，$\ln\frac{15}{2}$，0，$\tan840°$，$\frac{7}{4}$，$\left(\frac{2020}{2021}\right)^0$，$-2$，0.9999，$\left|\frac{3-\mathrm{i}}{1+\mathrm{i}}\right|$(i 为虚数单位)这十个数中任取 1 个数 a，使得 $\frac{\sqrt{-a^2-2a+3}}{a^2-4}\leqslant 0$ 的概率为(　　)

A. $\frac{1}{2}$　　B. $\frac{3}{5}$　　C. $\frac{7}{10}$　　D. $\frac{4}{5}$

51. 已知集合 $A=\{x|2x+12-2x^2>0\}$，$B=\{x|x<\ln\mathrm{e}\}$，$C=\{x|x\leqslant\ln2\}$，则 $(A\cap B)\cap C=$(　　)(常考)

A. $(-2,1]$　　B. $(-\infty,-2]$

C. $(-2,\ln2]$　　D. $[\ln2,1]$

52. 已知函数 $f(x)=x^2-2x-3$，若函数 $g(x)=-\sqrt{f(x)}$，则函数 $g(x)$ 的单调递增区间为(　　)

A. $(-\infty,-1]$　　B. $[3,+\infty)$

C. $[-1,3]$　　D. $(-\infty,-1]\cup[3,+\infty)$

53. 已知函数 $f(x)$ 为奇函数，且当 $x\in(-2,0)$ 时，$f(x)=ax-\ln(-x)\left(a<-\frac{1}{2}\right)$；当 $x\in(0,2)$ 时，$f(x)$ 的最大值为 -1，则实数 a 的值为(　　)

A. -1　　B. $-\frac{\mathrm{e}}{2}$　　C. $-\mathrm{e}$　　D. $-\frac{3\mathrm{e}}{2}$

54. 已知函数 $f(x)=\sin\frac{x}{4}-2\sin\frac{x}{4}\cos^2\frac{x}{8}$，则函数 $f(x)$ 在 $(\pi,f(\pi))$ 处的切线方程为(　　)

A. $x=-\frac{1}{2}$　　B. $y=-\frac{1}{2}$　　C. $x=\frac{1}{2}$　　D. $y=\frac{1}{2}$

55. 已知命题 p：$\exists x\in\mathbf{R}$，$2x^3+x^2=3$，命题 q：$\forall x\in(0,+\infty)$，$\log_8x>\log_9x$，则下列命题中为真命题的是(　　)

A. $\neg p\vee q$　　B. $p\wedge q$

C. $p\vee q$　　D. $\neg p\wedge q$

56. 已知在等腰 $\triangle ABC$ 中，三边分别为 a,b,c，$a=3$ 且 $bc=a^2-b^2-c^2$，则 $\triangle ABC$ 的面积为(　　)

A. $\frac{\sqrt{3}}{2}$　　B. $\frac{3\sqrt{3}}{4}$　　C. $\frac{\sqrt{3}}{4}$　　D. $\sqrt{3}$

57. 已知函数 $f(x)=A\sin(\omega x+\varphi)\left(A>0,\omega>0,|\varphi|<\frac{\pi}{2}\right)$，该函数图象最低点的纵坐标是 -2020，且相邻的两对称轴之间的距离为 $\frac{\pi}{4}$，点 $\left(\frac{\pi}{12},0\right)$ 为该函数图象上一点，则 $f(x)$ 的解析式为(　　)

A. $f(x)=2020\sin\left(4x+\frac{\pi}{3}\right)$　　B. $f(x)=2020\sin\left(4x-\frac{\pi}{3}\right)$

C. $f(x)=2020\sin\left(4x+\frac{5\pi}{3}\right)$　　D. $f(x)=2020\sin\left(2x-\frac{\pi}{6}\right)$

58. 已知函数 $f(x)=(3-2\sin x)(3-2\cos x)$ 的最大值为 M，最小值为 N，则 $M-N=$(　　)

A. 12　　B. 8　　C. $8\sqrt{2}$　　D. $12\sqrt{2}$

59. 等差数列 $\{a_n\}$ 的前 n 项和为 S_n，若 $S_{m-1}=-3$，$S_m=0$，$S_{m+1}=4$，则该数列的前 $2m$ 项和为(　　)

A. 45　　B. 47　　C. 49　　D. 51

60. 已知 a_1,a_2,a_3,b_1,b_2,b_3 均为实数，且 $-3,a_1,a_2,a_3,1$ 成等差数列，$1,b_1,b_2,b_3,16$ 成等比数列，则 $\frac{a_3^2-a_1^2}{b_1b_3-b_2}$ 的值为（　　）

A. $-\frac{1}{3}$　　B. -1 或 $-\frac{1}{3}$　　C. $\frac{1}{3}$　　D. 1 或 $\frac{1}{3}$

61. 已知向量 $\boldsymbol{a}=(1,2)$，$\boldsymbol{b}=(2,3)$，$\boldsymbol{c}=(3,4)$，若 $(\boldsymbol{a}+\boldsymbol{b})\perp(k\boldsymbol{b}+\boldsymbol{c})$，则 k 的值为（　　）（常考）

A. $-\frac{7}{10}$　　B. $\frac{7}{10}$　　C. $-\frac{29}{21}$　　D. $\frac{29}{21}$

62. 在菱形 $ABCD$ 中，$\overrightarrow{AB}=-3a-4b$，$\overrightarrow{AD}=3a-4b$，$E$ 为 CD 的中点，则 $\overrightarrow{AE}=$（　　）

A. $\frac{3}{2}a-6b$　　B. $3a-6b$

C. $a-3b$　　D. $a-4b$

63. 以下命题正确的是（　　）

A. α,β 都是第一象限角，若 $\cos\alpha>\cos\beta$，则 $\sin\alpha>\sin\beta$

B. α,β 都是第二象限角，若 $\sin\alpha>\sin\beta$，则 $\tan\alpha>\tan\beta$

C. α,β 都是第三象限角，若 $\cos\alpha>\cos\beta$，则 $\sin\alpha>\sin\beta$

D. α,β 都是第四象限角，若 $\sin\alpha>\sin\beta$，则 $\tan\alpha>\tan\beta$

64. 已知函数 $f(x)$ 是定义在 $\mathbf{R}$ 上的奇函数，当 $x<0$ 时，$f(x)=\left(\frac{1}{3}\right)^x$，那么 $f^{-1}(-9)$ 的值为（　　）

A. 2　　B. -2　　C. 3　　D. -3

65. 某种电热水器的水箱盛满水是 200 升，加热到一定温度可浴用，浴用时，已知每分钟放水 34 升，在放水的同时注水，t 分钟注水 $2t^2$ 升，当水箱内水量达到最小值时，放水自动停止，现假定每人洗浴用水 65 升，则该热水器一次至多可供（　　）

A. 3 人洗澡　　B. 4 人洗澡

C. 5 人洗澡　　D. 6 人洗澡

66. 用一个平面去截正方体，所得的截面不可能是（　　）

A. 六边形　　B. 菱形

C. 梯形　　D. 直角三角形

67. 方程 $\frac{2x+1}{x^2+2}=\log_{\frac{1}{2}}x$ 的解所在的区间是（　　）（易错）

A. $\left(0,\frac{1}{3}\right)$　　B. $\left(\frac{1}{3},\frac{1}{2}\right)$　　C. $\left(\frac{1}{2},\frac{\sqrt{2}}{2}\right)$　　D. $\left(\frac{\sqrt{2}}{2},1\right)$

68. 已知动点 $M(x,y)$ 满足 $5\sqrt{(x-1)^2+(y-2)^2}=|3x+4y-11|$，则点 M 的轨迹是（　　）

A. 椭圆　　B. 双曲线

C. 抛物线　　D. 直线

69. 已知点 $A(3\cos\alpha,3\sin\alpha)$，$B(2\cos\alpha,2\sin\alpha)$，则 $|AB|$ 的值是（　　）

A. 5　　B. 3　　C. 2　　D. 1

70. 下列四个数中，哪一个是数列 $\{n(n+1)\}$ 中的一项（　　）

A. 380　　B. 39　　C. 35　　D. 23

二、判断题（本大题共 10 小题，每小题 1.12 分，共 11.2 分）

71. $(x^2+2)\left(x-\frac{1}{x}\right)^6$ 的展开式中的常数项是 -25。（　　）

72. $\triangle ABC$ 的内角 A,B,C 的对边分别为 a,b,c，若 $\triangle ABC$ 的面积为 $\frac{a^2+b^2-c^2}{4}$，则 $\angle C=\frac{\pi}{4}$。（　　）

73. 已知四边形 $ABCD$ 为等腰梯形，$AB=4$，$AD=DC=CB=2$，将 $\triangle ADC$ 沿 AC 折起，使 D 到 D' 的位置，当 $D'B=\sqrt{10}$ 时，异面直线 AB 与直线 CD' 所成角的正切值为 $\frac{\sqrt{15}}{7}$。（　　）

74. $\triangle AOB$ 中，$\overrightarrow{OA}=\boldsymbol{a}$，$\overrightarrow{OB}=\boldsymbol{b}$，满足 $\boldsymbol{a}\cdot\boldsymbol{b}=|\boldsymbol{a}-\boldsymbol{b}|=2$，则 $\triangle AOB$ 的面积的最大值为 $2\sqrt{3}$。（　　）

75. 已知 a,b 是实数，则“$a>1$ 且 $b>1$”是“$ab+1>a+b$”的充分不必要条件。（　　）

76. 已知集合 $A=\{x|\ln x>0\}$，$B=\{x|x^2-4\leqslant0\}$，则 $A\cap B=(1,+\infty)$。（　　）

77. 若 $x\geqslant y$，则 $\frac{x+y}{2}\geqslant\sqrt{xy}$。（　　）

78. 函数 $f(x)=|\cos x|(x\geqslant0)$ 的图象与过原点的直线恰有四个交点，设四个交点中横坐标最大值为 θ，则 $\frac{(1+\theta^2)\sin2\theta}{\theta}=2$。（　　）

79. 已知函数 $f(x)=\sin\left(\frac{\pi}{2}-x\right)\sin x-\sqrt{3}\cos^2x+\frac{\sqrt{3}}{2}$，$x\in\left[0,\frac{3\pi}{4}\right]$，则 $f(x)$ 的值域为 $\left[-\frac{\sqrt{3}}{2},1\right]$。（　　）

80. 在 $\triangle ABC$ 中，$\angle B=\frac{\pi}{4}$，BC 边上的高等于 $\frac{1}{3}BC$，则 $\cos A=\frac{\sqrt{10}}{10}$。（　　）

29. 已知菱形的周长为8,两邻角的度数比为1:2,则菱形的面积为(　　)

A. $8\sqrt{3}$　　B. 8　　C. $4\sqrt{3}$　　D. $2\sqrt{3}$

30. 如图,在一个20米高的楼顶上有一信号塔DC,某同学为了测量信号塔的高度,在地面的A处测得信号塔下端D的仰角为30°,然后他朝正对塔的方向前进了8米到达地面的B处,又测得信号塔顶端C的仰角为45°,$CD\perp AB$于点E,点E,B,A在一条直线上,则信号塔CD的高度为(　　)米。

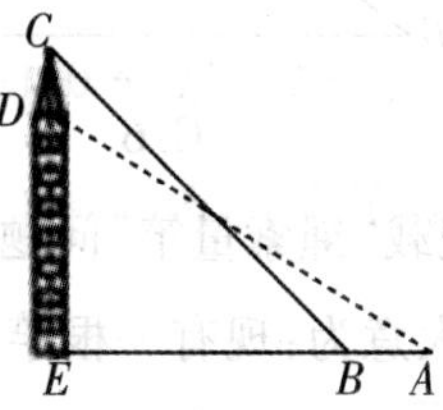

A. $20\sqrt{3}$　　B. $20\sqrt{3}-8$　　C. $20\sqrt{3}-28$　　D. $20\sqrt{3}-20$

31. 关于二次函数$y=2(x-3)^2-4$的图象,下列叙述正确的是(　　)

A. 顶点坐标为$(-3,-4)$　　B. 与y轴的交点坐标为$(0,-4)$

C. 当$x\geqslant3$时,y随x的增大而减小　　D. 最小值是$y=-4$

32. 如图,点A,B,C在正方形网格的格点上,则$\sin\angle BAC=$(　　)

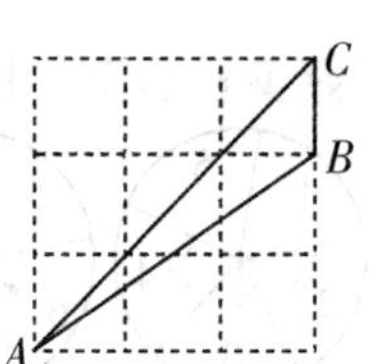

A. $\frac{\sqrt{2}}{6}$　　B. $\frac{\sqrt{26}}{26}$　　C. $\frac{\sqrt{26}}{13}$　　D. $\frac{\sqrt{13}}{13}$

33. 若抛物线$y=x^2+mx+n$的顶点在x轴上,且过点$A(a,b)$,$B(a+6,b)$,则b的值为(　　)

A. 9　　B. 6　　C. 3　　D. 0

34. 下列说法中,不正确的是(　　)(易混)

A. 在同圆中,直径是最长的弦　　B. 同圆中,所有半径相等

C. 圆既是轴对称图形又是中心对称图形　　D. 长度相等的弧是等弧

35. 如图,AB是圆O的直径,$\overset{\frown}{FF}$,$\overset{\frown}{EB}$是圆O的弧,且$EF=EB$,EF与AB交于点C,连结OF,若$\angle AOF=40°$,则$\angle OFE$的度数是(　　)

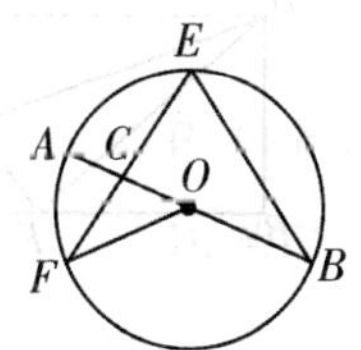

A. 30°　　B. 20°　　C. 40°　　D. 35°

36. 已知圆锥的底面半径是5 cm,母线长是13 cm,则这个圆锥的侧面积是(　　)

A. $60\pi\ \text{cm}^2$　　B. $65\pi\ \text{cm}^2$　　C. $120\pi\ \text{cm}^2$　　D. $130\pi\ \text{cm}^2$

37. 如图,某单位考核情况的条形统计图,分为A、B、C三个等级,下面说法正确的是(　　)

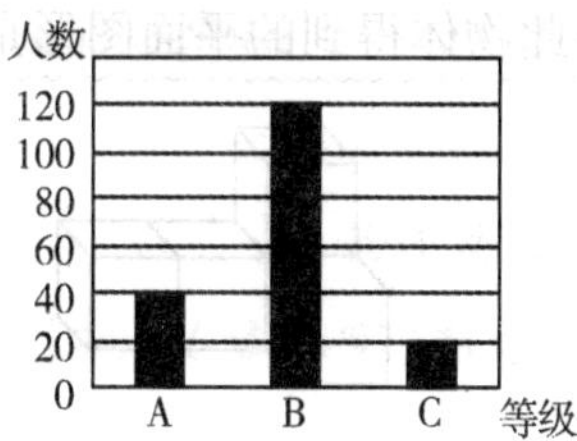

A. C等级人最少,占总数的30%　　B. 该单位共有120人

C. A等级人比C等级人多10%　　D. B等级人最多,占总数的$\frac{2}{3}$

38. 已知圆O的半径是一元二次方程$x^2-3x-4=0$的一个根,圆心O到直线l的距离$d=6$,则直线l与圆O的位置关系是(　　)

A. 相离　　B. 相切　　C. 相交　　D. 无法判断

39. 反比例函数$y=\frac{4}{x}$与$y=\frac{9}{x}$的图象如图所示,点A在$y=\frac{9}{x}$的图象上,连结OA交$y=\frac{4}{x}$的图象于点B,则$AB:BO$的比为(　　)(常考)

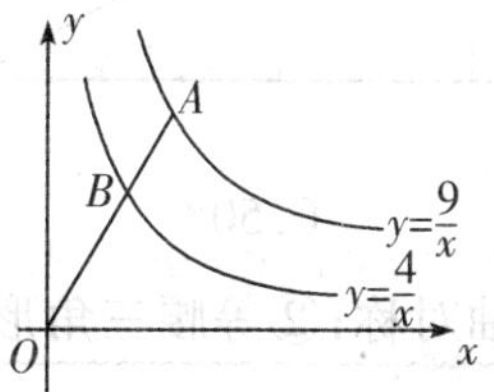

第39题

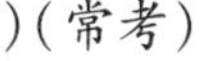

A. 1:2　　B. 2:3　　C. 4:5　　D. 4:9

40. 如图,在平面直角坐标系中,⊙A的半径为2,圆心坐标为$(4,0)$,y轴上有一点$B(0,3)$,点C是⊙A上的动点,点P是BC的中点,则OP的取值范围是(　　)

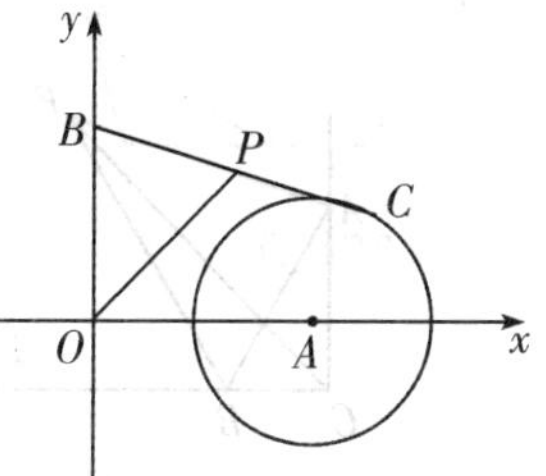

A. $\frac{3}{2}\leqslant OP\leqslant\frac{7}{2}$　　B. $2\leqslant OP\leqslant4$

C. $\frac{5}{2}\leqslant OP\leqslant\frac{9}{2}$　　D. $3\leqslant OP\leqslant4$

41. 命题p:"若$x^2<1$,则$x<1$"的逆命题为q,则p与q的真假性为(　　)

A. p真,q真　　B. p真,q假　　C. p假,q真　　D. p假,q假

42. 函数$f(x)=\sqrt{x+3}+\lg(6-x)$的定义域为(　　)

A. $(6,+\infty)$　　B. $(-3,6)$

C. $(-3,+\infty)$　　D. $[-3,6)$

43. 下列函数中,既是偶函数又在区间$(0,+\infty)$上单调递增的是(　　)

A. $y=\frac{1}{x}$　　B. $y=|x|-1$　　C. $y=\lg x$　　D. $y=\left(\frac{1}{2}\right)^{|x|}$

44. 设a,b是两条不同的直线,α,β是两个不同的平面,则能得出$a\perp b$的是(　　)(易错)

A. $a\perp\alpha,b/\!/\beta,\alpha\perp\beta$　　B. $a\perp\alpha,b\perp\beta,\alpha/\!/\beta$

C. $a\subset\alpha,b\perp\beta,\alpha/\!/\beta$　　D. $a\subset\alpha,b/\!/\beta,\alpha\perp\beta$

45. 将函数$f(x)=\sin\left(2x+\frac{\pi}{6}\right)$的图象向左平移$\varphi\left(0<\varphi\leqslant\frac{\pi}{2}\right)$个单位长度,所得的图象关于$y$轴对称,则$\varphi=$(　　)

A. $\frac{\pi}{6}$　　B. $\frac{\pi}{4}$　　C. $\frac{\pi}{3}$　　D. $\frac{\pi}{2}$

46. 在$\triangle ABC$中,角A,B,C所对的边分别为a,b,c,已知$b=40,c=20,\angle C=60°$,则此三角形的解的情况是(　　)

A. 有一解　　B. 有两解

C. 无解　　D. 有解但解的个数不确定

47. 在单调递增的等差数列$\{a_n\}$中,若$a_3=1,a_2a_4=\frac{3}{4}$,则$a_1=$(　　)

A. -1　　B. 0　　C. $\frac{1}{4}$　　D. $\frac{1}{2}$

48. 设等比数列$\{a_n\}$中,前n项和为S_n,已知$S_3=8,S_6=7$,则$a_7+a_8+a_9=$(　　)

A. $\frac{57}{8}$　　B. $-\frac{1}{8}$　　C. $\frac{1}{8}$　　D. $\frac{55}{8}$

49. 若$a<b<0$,则下列不等式不能成立的是(　　)

A. $\frac{1}{a-b}>\frac{1}{a}$　　B. $\frac{1}{a}>\frac{1}{b}$

C. $|a|>|b|$　　D. $a^2>b^2$

50. 若直线$y=kx$与圆$(x-2)^2+y^2=1$的两个交点关于直线$2x+y+b=0$对称,则k,b的值分别为(　　)(常考)

第50题

A. $\frac{1}{2},-4$　　B. $-\frac{1}{2},4$　　C. $\frac{1}{2},4$　　D. $-\frac{1}{2},-4$

二、简答题(本大题共10分)

51. 已知二次函数$y=mx^2-(3m-1)x-4m+1$与x轴有两个不同的交点A,D(D在A的右边),与y轴交于点C。

(1)求m的取值范围;(3分)

(2)证明:该二次函数一定经过非坐标轴上的一点B,并求出点B的坐标;(3分)

(3)当$m=1$时,二次函数在第四象限上是否存在点E,使得$\triangle CDE$的面积最大,若存在,求出点E的坐标和面积的最大值;若不存在,请说明理由。(4分)

三、解答题(本大题共12分)

52. 如图,已知三棱柱$ABC-A_1B_1C_1$,平面$A_1ACC_1\perp ABC$,$\angle ABC=90°$,$\angle BAC=30°$,$A_1A=A_1C=AC=2\sqrt{3}$,E,F分别是AC,A_1B_1的中点。

第52题

(1)证明:$EF\perp BC$;(6分)

(2)求三棱锥$F-ABC$的体积。(6分)

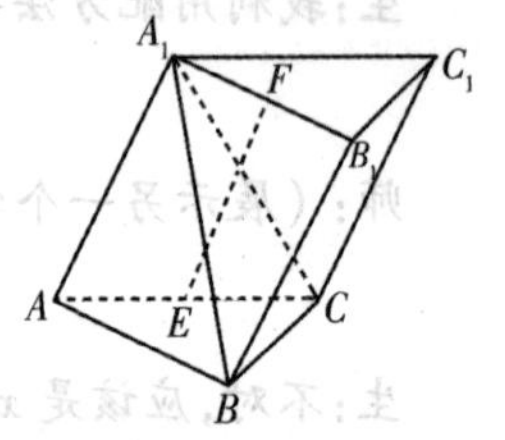

22. 求不定积分 $\int \cos^3 x\mathrm{d}x$。

23. 求函数 $u = x^2 + \sin\frac{y}{3} + e^{yz}$ 的全微分。

24. 设平面过原点及点$(4,-3,1)$且与平面 $2x-y+2z=8$ 垂直,求此平面方程。

25. 当 k 取怎样的数值时,齐次线性方程组 $\begin{cases} kx_1 + x_2 + x_3 = 0, \\ x_1 + kx_2 + x_3 = 0, \\ x_1 + x_2 + kx_3 = 0 \end{cases}$ 有非零解?

26. 求向量组 $\boldsymbol{\alpha}_1 = (1,2,-1,1)^{\mathrm{T}}, \boldsymbol{\alpha}_2 = (2,0,3,0)^{\mathrm{T}}, \boldsymbol{\alpha}_3 = (0,-4,5,-2)^{\mathrm{T}}, \boldsymbol{\alpha}_4 = (3,-2,7,-1)^{\mathrm{T}}$ 的秩。

四、证明题(本大题共 10 分)

27. 设 $f(x)$ 为偶函数,且 $f'(0)$ 存在,证明 $f'(0)=0$。

2021年湖北省农村义务教育教师招聘考试真题试卷(七)

初中数学

(时间:120分钟　总分:100分)

本套试卷共24小题,包括单项选择题(15小题),填空题(5小题),解答题(4小题)。

一、单项选择题(本大题共15小题,每小题3分,共45分)

1.《义务教育数学课程标准》(2011年版)指出,数学课程目标包括结果目标和过程目标,下列行为动词中,不是用于表达结果目标的是(　　)

A. 了解　　B. 理解

C. 经历　　D. 掌握

2. 下列各组数学概念中,概念间的关系不同于另外三组的是(　　)(易错)

A. 无理数,无限不循环小数　　B. 平行四边形,四边形

C. 菱形,矩形　　D. 有理数,无理数

3.《普通高中数学课程标准》(2017年版2020年修订)提出了数学学科核心素养的六个方面,除数学抽象、数学建模、直观想象、数学运算、数据分析外,还有(　　)

A. 数学文化　　B. 逻辑推理

C. 应用意识　　D. 创新意识

4. 已知集合 $U=\{1,2,3,4\}$,$A=\{1,2\}$,$B=\{2,3\}$,则 $(\complement_U A)\cap B=$(　　)

A. $\{3\}$　　B. $\{1,2,3\}$

C. $\{1,2\}$　　D. $\{1,2,3,4\}$

5. 小明同学上学期数学成绩如下:平时成绩90分,期中考试成绩80分,期末考试成绩100分,按平时成绩的30%,期中成绩的30%,期末成绩的40%,计算上学期数学成绩,则小明上学期的数学成绩是(　　)分。

A. 90　　B. 91　　C. 98　　D. 99

6. 下列函数为奇函数的是(　　)(常考)

A. $y=\cos x$　　B. $y=2^x$

C. $y=\sin 3x$　　D. $y=x+1$

7. 如图,PA,PB 分别与⊙O 相切于 A,B 两点,若 $\angle C=65°$,则 $\angle P=$(　　)

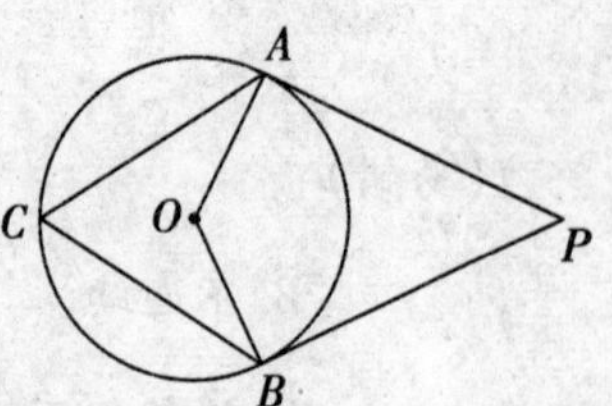

A. 45°　　B. 60°

C. 50°　　D. 35°

8. 已知 α,β 是一元二次方程 $x^2+x-2=0$ 的两个实数根,则 $\alpha+\beta-\alpha\beta$ 的值是(　　)

A. 3　　B. 1　　C. -3　　D. -1

9. 函数 $f(x)=2\sin x\cos x$ 的最小正周期为(　　)

A. π　　B. 2π

C. $\frac{\pi}{2}$　　D. $\frac{\pi}{4}$

10. 若 $x\begin{vmatrix} z & x \\ 1 & 0 \end{vmatrix}+y\begin{vmatrix} 0 & y \\ 1 & x \end{vmatrix}+\begin{vmatrix} 1 & z \\ z & 1 \end{vmatrix}=1$,则(　　)

A. $x=1,y=1,z=0$　　B. $x=0,y=1,z=0$

C. $x=0,y=0,z=1$　　D. $x=0,y=0,z=0$

11. 已知△ABC 的两边长 a,b 满足 $\sqrt{a-2}+(b-5)^2=0$,则第三边长 c 的取值范围为(　　)

A. $(2,5)$　　B. $[3,5]$

C. $(3,7)$　　D. $(5,7)$

12. 如图,在正四棱柱 $ABCD-A_1B_1C_1D_1$ 中,E 和 F 分别是 AB_1,B_1C 的中点,则下列结论中正确的是(　　)(易错)

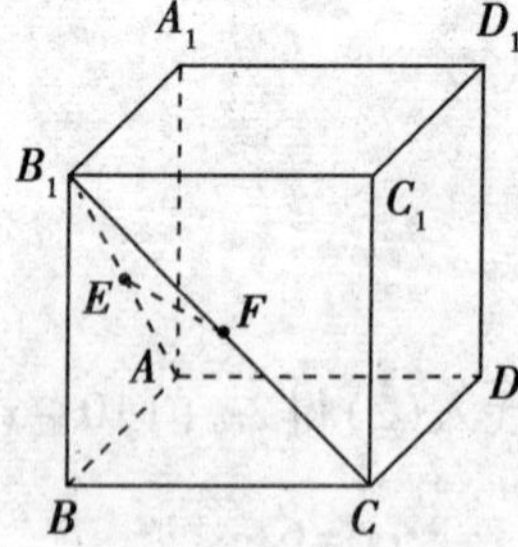

A. EF 与 BC 平行

B. EF 与 BD 垂直

C. EF 与 A_1C_1 异面

D. EF 与平面 BCC_1B_1 垂直

13. 函数 $f(x)=|x|+1$ 在 $x=0$ 处(　　)(易错)

A. 无定义　　B. 不连续

C. 可导　　D. 连续但不可导

14. 在空间直角坐标系中,方程 $\frac{x^2}{4}+\frac{y^2}{3}+\frac{z^2}{2}=1$ 表示的图形是(　　)

A. 柱面　　B. 球面

C. 椭球面　　D. 单叶双曲面

15. 从区间[0,5]中任取一个实数 x,则取出的实数 x 小于 2 的概率为(　　)

A. $\frac{1}{2}$　　B. $\frac{3}{5}$

C. $\frac{3}{10}$　　D. $\frac{2}{5}$

二、填空题(本大题共 5 小题,每小题 3 分,共 15 分)

16. 已知等差数列$\{a_n\}$的前三项和 $S_3=3$,则 $a_2=$________。

17. 如果 $\lim\limits_{x\to\infty}\frac{ax+4}{bx+9}=2$,则 a,b 满足的关系式为________。

18. 定积分 $\int_0^2\sqrt{4-x^2}\,dx$ 的值为________。

19. 当 $\lambda=$________时,向量组 $\boldsymbol{\alpha}_1=(2,1,-1)$,$\boldsymbol{\alpha}_2=(-1,-3,3)$,$\boldsymbol{\alpha}_3=(2,3,\lambda)$线性相关。(易混)

20. 函数 $f(x)=3x^3+2x^2+1$ 在$(1,f(1))$处的切线斜率为________。

三、解答题(本大题共 4 小题,每小题 10 分,共 40 分)

21. 阅读材料并答题。

解方程组 $\begin{cases}x+y=10, & (1)\\ 2x+y=16, & (2)\end{cases}$

解:由(1)得 $y=10-x$,(3),把(3)代入(2)得 $2x+(10-x)=16$,解这个方程得 $x=6$,再把 $x=6$ 代入(3)得 $y=4$。所以这个方程组的解是 $\begin{cases}x=6,\\ y=4。\end{cases}$

(1)以上答题用了哪种思想方法?(　　)(3 分)

A. 数形结合思想　　B. 消元思想　　C. 分类讨论思想

(2)用另一种方法解方程组。(7 分)

22. 已知圆 $C:x^2+y^2-4x-2y-4=0$。

(1)求圆心 C 的坐标及圆的半径;(4 分)

(2)过 $P(3,2)$作直线 l,交圆 C 于 A,B 两点,当弦长 AB 最短时,求直线 l 的方程。(6 分)

23. 已知函数 $f(x)=e^x-ax$。

(1)若 $a=1$,求 $f(x)$ 的极值;(4 分)

(2)若 $f(x)$ 在 $[0,+\infty)$ 上单调递增,求 a 的取值范围。(6 分)

24. 如图,已知二次函数 $y=ax^2+bx-3a$ 的图象经过点 $A(-1,0)$,$C(0,3)$,与 x 轴交于另一点 B,抛物线的顶点为 D。

(1)求此二次函数的解析式;(2 分)

(2)连结 DC,BC,DB,求证:$\triangle BCD$ 是直角三角形;(3 分)

(3)在对称轴右侧抛物线上是否存在点 P,使得以 P,D,C 为顶点的三角形为等腰三角形?若存在,求出点 P 的坐标;若不存在,请说明理由。(5 分)

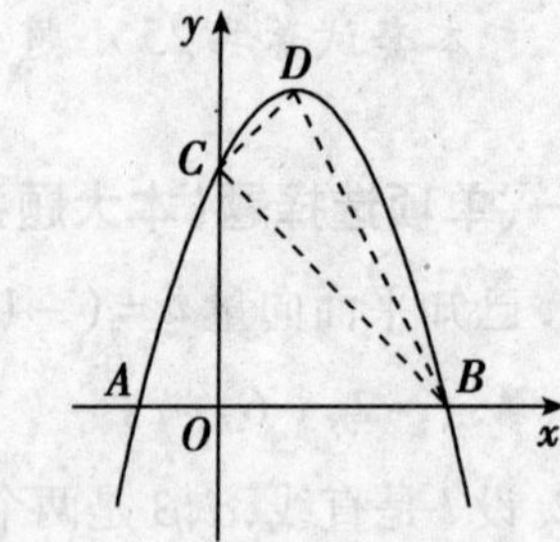

2020年河南省林州市教师招聘考试真题试卷(八)

数　学

(时间:100 分钟　总分:100 分)

本套试卷共25小题,包括单项选择题(15小题),填空题(5小题),解答题(5小题)。

一、单项选择题(本大题共15小题,每小题2分,共30分)

1. 已知平面向量 $\boldsymbol{a}=(-1,2)$,$\boldsymbol{b}=(1,0)$,则向量 $3\boldsymbol{a}+\boldsymbol{b}=$(　　)

A. $(-2,-6)$　　B. $(-2,6)$　　C. $(2,6)$　　D. $(2,-6)$

2. 设 l 是直线,α,β 是两个不同平面,下列命题正确的是(　　)

A. 若 $l/\!/\alpha$,$l/\!/\beta$,则 $\alpha/\!/\beta$　　B. 若 $l/\!/\alpha$,$l\perp\beta$,则 $\alpha\perp\beta$

C. 若 $\alpha\perp\beta$,$l\perp\alpha$,则 $l\perp\beta$　　D. 若 $\alpha\perp\beta$,$l/\!/\alpha$,则 $l\perp\beta$

3. 已知集合 $M=\{x|x^2-x-2<0\}$,$N=\{x|x=2^y\}$,则 $M\cup N=$(　　)

A. $\{x|x>-1\}$　　B. $\{x|0<x<2\}$

C. $\{x|-1<x<2\}$　　D. $\{x|x>0\}$

4. 已知 $a=\log_{0.2}2$,$b=3^{0.3}$,$c=\log_3 2$,则(　　)(常考)

A. $a<c<b$　　B. $a<b<c$　　C. $c<a<b$　　D. $b<c<a$

5. 若变量 x,y 满足约束条件 $\begin{cases}x+y\geqslant 0,\\ x-y\geqslant 0,\\ 3x+y-4\leqslant 0,\end{cases}$ 则 $z=3x+2y$ 的最大值是(　　)

A. 3　　B. 4　　C. 5　　D. 6

6. 篮子里装有2个红球,3个白球和4个黑球,某人从篮子中随机抽取两个球,记事件 A 为"取出的两个球颜色不同",事件 B 为"取出一个红球,一个白球",则 $P(B|A)=$(　　)(易错)

第6题

A. $\frac{1}{6}$　　B. $\frac{3}{13}$　　C. $\frac{5}{9}$　　D. $\frac{2}{3}$

7. 若复数 $z=\frac{\mathrm{i}^{2020}+3\mathrm{i}}{1+\mathrm{i}}$,则 z 在复平面内对应的点位于(　　)

A. 第一象限　　B. 第二象限　　C. 第三象限　　D. 第四象限

8. 随机变量 ξ 服从二项分布 $\xi\sim B(n,p)$,且 $E(\xi)=300$,$D(\xi)=200$,则 p 等于(　　)

A. $\frac{2}{3}$　　B. $\frac{1}{3}$　　C. 1　　D. 0

9. 在 $\triangle ABC$ 中,角 A,B,C 所对的边分别是 a,b,c,若 $\angle A=60°$,$\angle B=45°$,$a=3$,则 $b=$(　　)(常考)

A. 6　　B. $\sqrt{6}$　　C. 2　　D. $\sqrt{2}$

10. 下列函数中最小正周期为 π,且图象关于直线 $x=\frac{\pi}{3}$ 对称的是(　　)

A. $y=2\sin(2x+\frac{\pi}{3})$　　B. $y=2\sin(2x-\frac{\pi}{6})$

C. $y=2\sin(\frac{x}{2}+\frac{\pi}{3})$　　D. $y=2\sin(\frac{x}{2}-\frac{\pi}{3})$

11. 函数 $f(x)=\ln(x+1)-\frac{2}{x^2}$ 的零点所在的大致区间为(　　)

第11题

A. $(0,1)$　　B. $(1,2)$　　C. $(2,3)$　　D. $(3,4)$

12. 已知曲线 $f(x)=\frac{2}{3}x^3$ 在 $(1,f(1))$ 处的切线倾斜角为 α,则 $\frac{\sin^2\alpha-\cos^2\alpha}{2\sin\alpha\cos\alpha+\cos^2\alpha}=$(　　)

A. $\frac{1}{2}$　　B. 2　　C. $\frac{3}{5}$　　D. $-\frac{3}{8}$

13. 若关于 x 的方程 $2x^3-3x^2+a=0$ 在区间 $[-2,2]$ 上仅有一个实数根,则实数 a 的取值范围为(　　)

第13题

A. $(-4,0]\cup[1,28)$　　B. $[-4,28]$

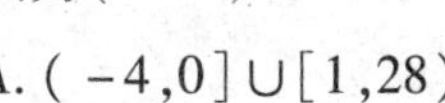

C. $[-4,0)\cup(1,28]$　　D. $(-4,28)$

14. 已知线段 AB 是过抛物线 $y^2=2px(p>0)$ 的焦点 F 的一条弦,过点 A(A 在第一象限内)作直线 AC 垂直于抛物线的准线,垂足为 C,且直线 AT 与抛物线相切于点 A,交 x 轴于点 T,给出下列命题:①$\angle AFx=2\angle TAF$;②$TF=AF$;③$AT\perp CF$,其中正确的命题个数为(　　)

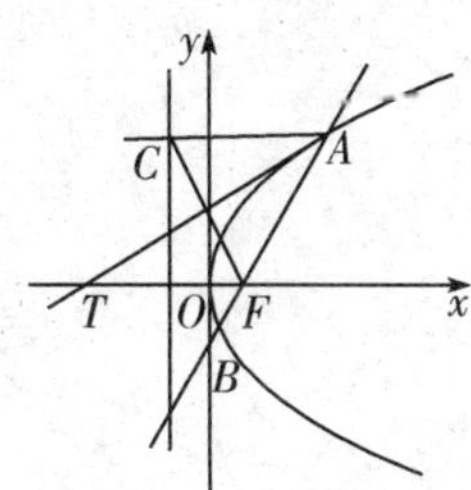

A. 0　　B. 1　　C. 2　　D. 3

15. 已知双曲线 $\frac{x^2}{a^2}-\frac{y^2}{5}=1(a>1)$ 的左焦点为 F,A 为右顶点,M 在双曲线上,若 $FM\perp AF$,且离心率为 $\frac{3}{2}$,则 $\triangle AMF$ 的面积为(　　)

A. $\frac{25}{4}$　　B. $\frac{\sqrt{3}}{2}$　　C. 2　　D. 1

二、填空题(本大题共5小题,每小题3分,共15分)

16. 若 $\sin x-2\cos x=\sqrt{5}$,则 $\tan x=$________。

17. 已知数列$\{a_n\}$的通项公式 $a_n=\begin{cases}a,n=1,\\4n+(-1)^n(8-2a),n\geqslant 2\end{cases}$ 对任意的 $n\in\mathbf{N}_+$, $a_n<a_{n+1}$ 恒成立,则 a 的取值范围是________。

第 17 题

18. 已知圆柱的轴截面为正方形,且圆柱的体积为 54π,则该圆柱的侧面积为________。

19. $\left(\sqrt[3]{x}-\frac{1}{x}\right)^6$ 的展开式中,二次项系数最大的项是________。(易错)

20. 有 8 件商品,其中 4 件是次品,从中有放回地取 3 次(每次取一件),若 X 表示取得次品的次数,则 $P(X\leqslant 2)=$________。

三、解答题(本大题共 5 小题,第 21 小题 7 分,第 22 ~ 25 小题每小题 12 分,共 55 分)

21. 设 $\boldsymbol{A}=\begin{pmatrix}0&3&3\\1&1&0\\-1&2&3\end{pmatrix}$, $\boldsymbol{AB}=\boldsymbol{A}+2\boldsymbol{B}$,求 $\boldsymbol{B}$。

第 21 题

22. 如图,在三棱锥 $A-BCD$ 中,$\triangle ABD$ 是等边三角形,平面 $ABD\perp$ 平面 BCD, $BC\perp CD$, $BC=CD=\sqrt{2}$, E 为三棱锥 $A-BCD$ 外一点,且$\triangle CDE$ 是等边三角形。

(1)证明:$AC\perp BD$;(5 分)

(2)若 $AE\perp$ 平面 CDE,求点 E 到平面 BCD 的距离。(7 分)

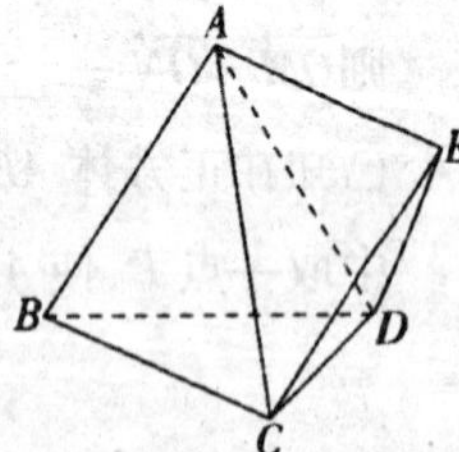

23. 已知数列$\{a_n\}$的前 n 项和为 S_n,数列$\left\{\frac{S_n}{n}\right\}$是首项为 1,公差为 1 的等差数列。

(1)求数列$\{a_n\}$的通项公式;(5 分)

(2)若 $b_n=\frac{1}{a_n\cdot a_{n+1}}$,记数列$\{b_n\}$的前 n 项和为 T_n,求 T_{2020}。(7 分)

24. 已知函数 $f(x)=e^x+\sin x-ax^2-2x$。

(1)当 $a=0$ 时,判断 $f(x)$ 在$[0,+\infty)$上的单调性并加以证明;(5 分)

(2)若 $x\geqslant 0$, $f(x)\geqslant 1$,求 a 的取值范围。(7 分)

25. 已知中心在原点,焦点在 x 轴上的椭圆 C,离心率 $e=\frac{\sqrt{2}}{2}$,且经过抛物线 $x^2=4y$ 的焦点,若过点 $B(2,0)$ 的直线 l(斜率不等于 0)与椭圆 C 交于不同的两点 E,F(E 在 B,F 之间)。

(1)求椭圆 C 的标准方程;(3 分)

(2)求直线 l 斜率的取值范围;(4 分)

(3)若$\triangle OBE$ 与$\triangle OBF$ 面积之比为 λ,求 λ 的取值范围。(5 分)

2020年湖南省长沙市岳麓区教师招聘考试真题试卷(九)

中学数学

(时间:100分钟　总分:100分)

本套试卷共19小题,包括单项选择题(10小题),填空题(4小题),解答题(5小题)。

一、单项选择题(本大题共10小题,每小题3分,共30分)

1. 在2018年双十一活动中,22点28分时,天猫双十一销售额突破"2000亿","2000亿"用科学记数法可表示为(　　)

A. 2×10^{8}　　B. 2×10^{11}　　C. 2×10^{12}　　D. 2×10^{13}

2. 若 x_1,x_2 是一元二次方程 $2x^2+2x-5=0$ 的两个根,则 $\frac{x_1^2}{3x_2}+\frac{x_2^2}{3x_1}$ 的值为(　　)(常考)

A. $-\frac{17}{15}$　　B. $-\frac{12}{15}$　　C. $\frac{17}{15}$　　D. $\frac{12}{15}$

3. 已知抛物线 $y=ax^2+bx+c$ 过点 $A(-3,0)$ 和 $B(-1,2)$ 两点,且顶点在直线 $x=-1$ 的右侧,则 c 的取值范围为(　　)

第3题

A. $1.5<c<3$　　B. $1<c<2$　　C. $2<c<3$　　D. $c>0$

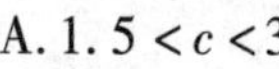

4. 已知 $\triangle ABC$ 的内切圆为圆 I,且圆 I 与三角形的三边 BC,AC,AB 的切点分别为 D,E,F,若 $\angle FDE=64°$,则 $\angle A=$(　　)

A. $50°$　　B. $52°$　　C. $64°$　　D. $116°$

5. 将矩形 $ABCD$ 随意翻折,得到重叠三角形 PQR,已知在矩形 $ABCD$ 中,$AB=10$,$BC=50$,则 $S_{\triangle PQR}$ 最大值与最小值的差为(　　)

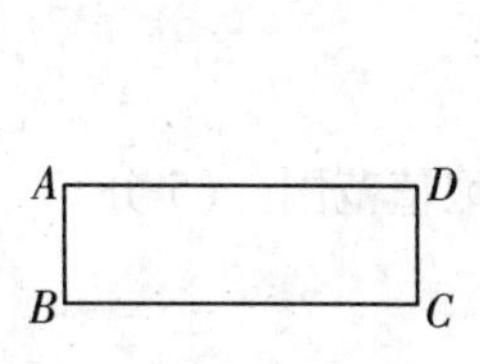

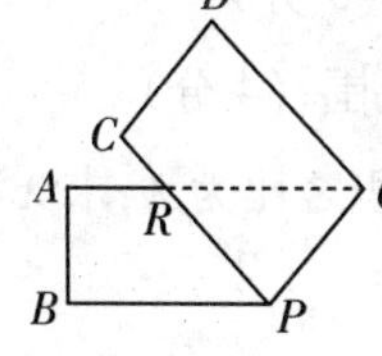

A. 20　　B. 40　　C. 60　　D. 80

6. 若函数 $f(x)=|2x^2-1|$,$g(x)=\begin{cases}1,-3<x\leqslant3,\\|x^2-2|,x>3,\end{cases}$ 则方程 $g(x)-f(x)=0$ 的实数根个数为(　　)

第6题

A. 3　　B. 2　　C. 1　　D. 0

7. $(nx-4y)^6$ 的展开式中,x^2y^4 的系数为240,则 n 的值为(　　)

A. $\pm\frac{1}{2}$　　B. $\frac{1}{2}$　　C. $\pm\frac{1}{4}$　　D. $\frac{1}{4}$

8. 由曲线 $y=\sin x$,$y=\cos x$ 与直线 $x=\pi$,$x=\frac{3\pi}{2}$ 所围成平面图形的面积为(　　)(常考)

A. 2　　B. $2\sqrt{2}$　　C. $\sqrt{2}$　　D. $2\sqrt{2}-2$

9. 函数 $f(x)=2\cos^2x+\sqrt{3}\sin x-\frac{1}{4}$,$x\in\left[0,\frac{\pi}{2}\right]$,则函数 $f(x)$ 的最大值是(　　)

A. $\frac{17}{8}$　　B. $\frac{17}{4}$　　C. $\frac{7}{4}$　　D. $\frac{7}{8}$

10. 某高校同班6名同学A,B,C,D,E,F同时向一家公司投递简历,公司打算录用其中3人,若这6位同学被录取的概率一样,则A或B被录取的概率为(　　)

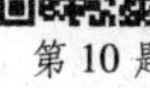
第10题

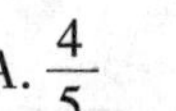

A. $\frac{4}{5}$　　B. $\frac{3}{4}$　　C. $\frac{9}{10}$　　D. $\frac{3}{5}$

二、填空题(本大题共4小题,每小题4分,共16分)

11. 有一组数据:7,9,8,3,7,6,5,8,10,则这组数据的中位数是________。

12. 如图所示,四边形 $ABCD$ 为 $\odot O$ 的内接四边形,且 $OABC$ 为平行四边形,则 $\angle BDC$ 的度数为________。

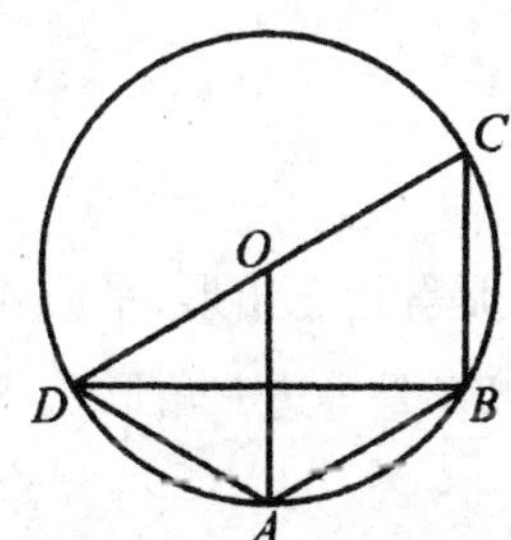

13. 在平面直角坐标系 xOy 中,已知过抛物线 $C:y^2=4x$ 焦点 F 的直线交抛物线 C 于不同的两点 M,N,则 $\overrightarrow{OM}\cdot\overrightarrow{ON}=$________。

14. 已知在正方体 $ABCD-A_1B_1C_1D_1$ 中,棱长 $AA_1=1$,点 E 是 AA_1 的中点,在平面 BDD_1B_1 中取一点 P,使 $AP+EP$ 最小,则其最小值为________。

第14题

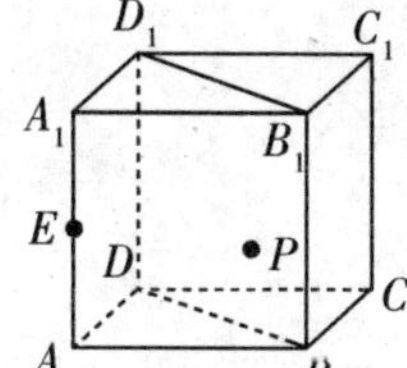

三、解答题(本大题共5小题,其中第15,16小题每小题9分,第17~19小题每小题12分,共54分)

15. 已知抛物线 $y=x^2-4x$ 与直线 $y=kx+1$ 有两个交点 A 和 B,点 A,B 连线的中点为 P,抛物线的顶点为 C。

(1)若 $k=-2$,求 PC 的方程;(4 分)

(2)k 取任意值时,求 PC 的方程。(5 分)

16. 某百货公司进了一批商品,进货价为 20 元/件,有专家预计月销量 y(件)与售价 x(元/件)的函数解析式为 $y=\begin{cases}-2x+100(20\leqslant x\leqslant 40),\\ -x+60(40\leqslant x\leqslant 50)。\end{cases}$

(1)若百货公司销售该商品月利润为 w 元,写出 w 与 x 的函数关系式;(2 分)

(2)当售价 x 为多少时,百货公司销售该商品的利润最大,最大月利润是多少?(3 分)

(3)当百货公司销售该商品的月利润不少于 400 元时,试确定商品售价 x 的取值范围。(4 分)

17. 如图所示,$\triangle ABD$ 内接于圆 O,点 E 是弦 BD 的中点,连结 OE 并延长与圆 O 交于点 F,与 BC 交于点 C,已知 $\angle DAB=\angle DBC$。

(1)求证:BC 与圆 O 相切;(6 分)

(2)若圆 O 的半径为 3,$BC=4$,求弦 BD 的长。(6 分)

第 17 题

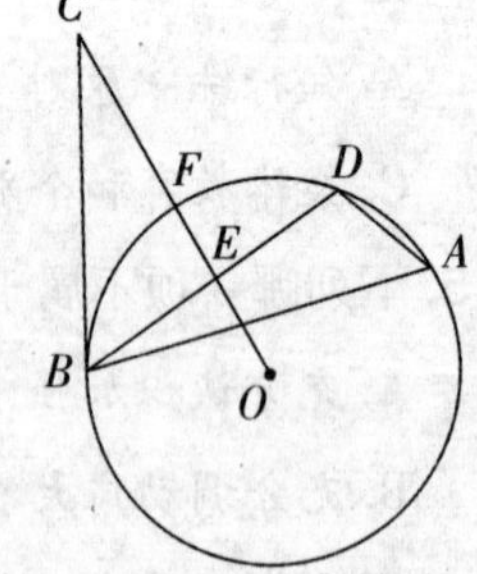

18. 已知 S_n 是数列$\{a_n\}$的前 n 项和,满足条件 $a_n+kS_nS_{n-1}=0(k>0,n\geqslant 2,n\in \mathbf{N}_+)$,$a_1=\dfrac{1}{2}$。

(1)证明:数列$\left\{\dfrac{1}{S_n}\right\}$是等差数列。(6 分)

(2)若对任意的正整数 n,不等式 $a_n+4S_n>0$ 恒成立,求实数 k 的最大正整数解。(6 分)

19. 已知三棱柱 $ABC-A_1B_1C_1$ 中,$AC=AB=AA_1=2$,侧面 $ABB_1A_1\perp$ 底面 ABC,$\angle BAA_1=120°$,$\triangle ABC$ 是等腰直角三角形,D 是 BC 的中点。

(1)求异面直线 B_1D,AB 所成角的余弦值;(6 分)

(2)求二面角 C_1-AD-B_1 的余弦值。(6 分)

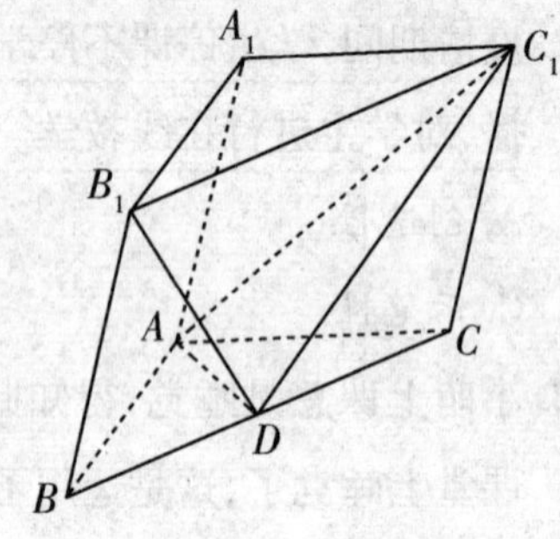

2020年天津市南开区教师招聘考试真题试卷(十)

中小学数学

(时间:150分钟　总分:100分)

本套试卷共39小题,包括教育基础知识和学科专业知识两部分。教育基础知识部分包括单项选择题(15小题),简答题(2小题),论述题(1小题);学科专业知识部分包括单项选择题(10小题),填空题(6小题),解答题(5小题)。

第一部分　教育基础知识

一、单项选择题(本大题共15小题,每小题0.6分,共9分)

1. 在学习与教学的过程中,课堂纪律、校风等属于(　　)

A. 教学媒介　　B. 教学环境

C. 教学媒体　　D. 教学内容

2. 疫情期间,学生停课不停学,各个学校的老师开始学习使用各类直播软件,当起了网红,做起了直播,对学生进行在线教学。这说明教师劳动具有(　　)(易混)

A. 创造性　　B. 复杂性

C. 示范性　　D. 隐蔽性

3. 小萌上课总是睡觉,得知此事后,班主任取消了一次小萌观看学校文艺汇演的资格,之后她很少在课堂上睡觉了,这是运用了(　　)的行为塑造原理。

A. 正强化　　B. 负强化

C. 正惩罚　　D. 负惩罚

4. 要求学生尽可能多地列举由"大海"一词所想到的事物,是为了训练学生的(　　)

A. 发散思维　　B. 推测与假设

C. 好奇心　　D. 独立性

5. 子曰:"温故而知新,可以为师矣"。其中的"温故而知新"属于(　　)

A. 顺向负迁移　　B. 逆向负迁移

C. 逆向正迁移　　D. 顺向正迁移

6. 读者在读《红楼梦》时,头脑中会浮现王熙凤的鲜明形象,这属于(　　)

A. 创造想象　　B. 再造想象　　C. 幻想　　D. 空想

7. 埃里克森认为,人的(　　)发展持续一生,其形成和发展过程可划分为八个阶段。

A. 自我意识　　B. 人格　　C. 能力　　D. 心理品质

8. 利用观看图片、图表、模型、幻灯片、电影等进行的直观教学是(　　)

A. 实物直观　　B. 言语直观

C. 模象直观　　D. 形象直观

9. 王老师在给学生讲述中国科技发展进步的同时,还鼓励学生通过参加科技展,直观地了解科技发展的文化,王老师运用的德育原则是(　　)(常考)

A. 知行统一　　B. 因材施教

C. 长善救失　　D. 正面疏导

10. 小强入学前是个很顽皮的男孩子,看到班上同学都很听老师的话,他逐渐改正了自己的缺点,变成了听话的好孩子。这体现了班级的(　　)

A. 社会化功能　　B. 矫正功能

C. 满足需求的功能　　D. 诊断功能

11. 下列哪项不属于素质教育的基本任务(　　)

A. 培养学生的身体素质　　B. 培养学生的心理素质

C. 培养学生的创新能力　　D. 培养学生的社会素质

12. 王莉在学习拼音时利用了事物的形象记忆,例如一个门是n,两个门是m,这种学习策略属于(　　)

A. 组织策略　　B. 资源管理策略

C. 复述策略　　D. 精加工策略

13. "庶—富—教"的思想是由________在论述教育的________时提出的。(　　)

A. 孔子　社会功能　　B. 孟子　经济功能

C. 荀子　经济功能　　D. 老子　社会功能

14. 青少年缺乏足够的知识经验,有时不善于辨别是非善恶,甚至会染上一些坏思想、坏习气。教师需要给他们讲清道理,帮助他们提高认识,并发扬他们身上的积极因素。这体现的德育原则是(　　)

A. 知行统一原则　　B. 因材施教原则

C. 集体教育和个别教育相结合原则　　D. 疏导原则

15. 下列哪一项不属于教育部印发的《关于加强中小学教师职业道德建设的若干意见》的内容(　　)

A. 充分认识加强中小学教师职业道德建设的必要性

B. 充分调动广大教师实施素质教育的积极性和主动性

C. 积极开展多种形式的职业道德教育

D. 加强领导,建立健全中小学教师职业道德建设的保障机制

二、简答题(本大题共2小题,第16小题2分,第17小题3分,共5分)

16. 什么是合作学习?

17. 桑代克提出的三条学习定律是什么?并作简要说明。

三、论述题(本大题共6分)

18. “学生渴望学什么,希望怎样学”“什么样的课堂受学生欢迎”“学生的课堂学习体验是否愉快”……什么课算是一节好课?都说“教无定法”,那一节好课是不是就没有了标准呢?好课是有爱心、有责任、有智慧的课,是教师以实践者和研究者的双重身份,在每一天、每一年的教学实践探索中,在体验、感悟、改进中创造出来的。如今的教师真正应该反思如何才能上出一堂让学生感兴趣的好课。

请结合实际,谈谈你所认为的一节好课的标准?你会如何保证自己的课是一堂好课?

第二部分　学科专业知识

一、单项选择题(本大题共10小题,每小题2分,共20分)

1. 已知集合$A=\{x|x-1\geqslant 0\}$,$B=\{0,1,2\}$,则$A\cap B=$(　　)(常考)

A. $\{0\}$　　B. $\{1\}$

C. $\{1,2\}$　　D. $\{0,1,2\}$

2. 执行下面的程序框图,如果输入的$N=4$,那么输出的$S=$(　　)

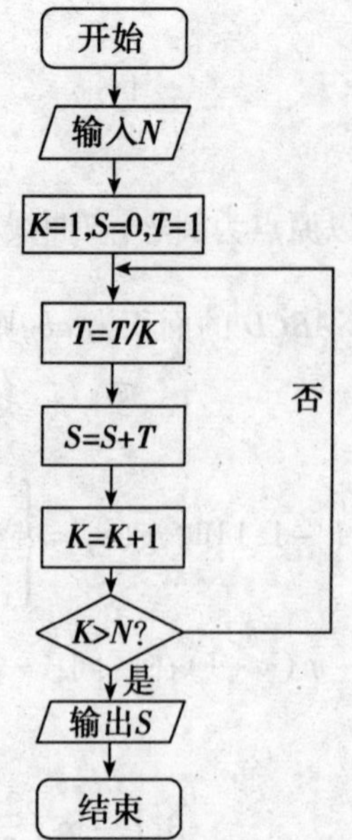

A. $1+\frac{1}{2}+\frac{1}{3}+\frac{1}{4}$　　B. $1+\frac{1}{2}+\frac{1}{3\times 2}+\frac{1}{4\times 3\times 2}$

C. $1+\frac{1}{2}+\frac{1}{3}+\frac{1}{4}+\frac{1}{5}$　　D. $1+\frac{1}{2}+\frac{1}{3\times 2}+\frac{1}{4\times 3\times 2}+\frac{1}{5\times 4\times 3\times 2}$

3. 某几何体的三视图如右图所示,则该几何体的表面积是(　　)

A. $\frac{32}{3}$　　B. 32

C. $20+4\sqrt{5}$　　D. $24+4\sqrt{6}$

正视图　侧视图

俯视图

4. 若将函数$f(x)=2\sin\left(x+\frac{\pi}{6}\right)-1$的图象上各点横坐标缩短到原来的$\frac{1}{2}$(纵坐标不变),得到函数$g(x)$的图象,则下列说法正确的是(　　)

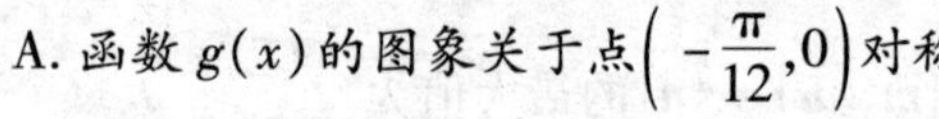

A. 函数$g(x)$的图象关于点$\left(-\frac{\pi}{12},0\right)$对称

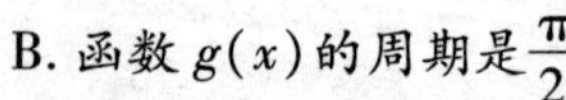

B. 函数$g(x)$的周期是$\frac{\pi}{2}$

C. 函数$g(x)$在$\left(0,\frac{\pi}{6}\right)$上单调递增

D. 函数$g(x)$在$\left(0,\frac{\pi}{6}\right)$上的最大值是1

5. 若$a=\log_2 0.2$,$b=2^{0.2}$,$c=\log_{0.2}0.3$,则下列结论正确的是(　　)(易错)

A. $c>b>a$　　B. $b>a>c$

C. $a>b>c$　　D. $b>c>a$

6. 在△OAB 中，C 为边 AB 上任意一点，D 为 OC 上靠近 O 的一个三等分点，若$\overrightarrow{OD}=\lambda\overrightarrow{OA}+\mu\overrightarrow{OB}$，则 $\lambda+\mu$的值为(　　)

A. $\frac{1}{2}$　　B. $\frac{1}{3}$　　C. $\frac{1}{4}$　　D. 1

7. 已知双曲线$\frac{x^2}{a^2}-\frac{y^2}{b^2}=1(a>0,b>0)$，以原点为圆心，双曲线的实半轴长为半径的圆与双曲线的两条渐近线相交于 A,B,C,D 四点，四边形 $ABCD$ 的面积为 ab，则双曲线的离心率为(　　)

A. $\sqrt{2}$　　B. 2　　C. $\sqrt{5}$　　D. 4

8. 已知定义域为 $\mathbf{R}$ 的函数 $g(x)$，当 $x\in(-1,1]$时，$g(x)=\begin{cases}\frac{1}{x+1}-1,-1<x\leqslant 0,\\x^2-3x+2,0<x\leqslant 1,\end{cases}$ 且 $g(x+2)=g(x)$，对 $x\in\mathbf{R}$ 恒成立，若函数 $f(x)=g(x)-m(x+1)$在区间$[-1,5]$内有 6 个零点，则实数 m 的取值范围是(　　)

A. $\left(\frac{2}{5},\frac{2}{3}\right)$　　B. $\left(-\infty,\frac{2}{5}\right]\cup\left(\frac{2}{3},+\infty\right)$

C. $\left[\frac{2}{5},\frac{2}{3}\right)$　　D. $\left[\frac{2}{5},\frac{2}{3}\right]$

9. 等比数列$\{a_n\}$的各项均为正数，且 $a_5a_6+a_3a_8=6$，则$\log_3a_1+\log_3a_2+\cdots+\log_3a_{10}=$(　　)(常考)

A. 6　　B. 5

C. 4　　D. $2+\log_35$

10. 已知 $a,b\in\mathbf{R}$，直线 $y=ax+b+\frac{\pi}{2}$与函数$f(x)=\tan x$ 的图象在 $x=-\frac{\pi}{4}$处相切，设 $g(x)=e^x+bx^2+a$，若在区间$[1,2]$上，关于 x 的不等式 $m\leqslant g(x)\leqslant m^2-2$ 恒成立，则实数 m 有(　　)

A. 最小值 $-e$　　B. 最小值 e

C. 最大值 e　　D. 最大值 $e+1$

二、填空题(本大题共 6 小题，每小题 2 分，共 12 分)

11. 已知 $\boldsymbol{m},\boldsymbol{n}$ 是两个非零向量，且$|\boldsymbol{m}|=2$，$|\boldsymbol{m}+2\boldsymbol{n}|=4$，则$|\boldsymbol{m}+\boldsymbol{n}|+|\boldsymbol{n}|$的最大值为________。

12. 复数$\frac{1+2i}{2-i}=$________。

13. 已知曲线$f(x)=(ax-1)\ln x$ 在点$(1,0)$处的切线方程为 $y=x-1$，则实数 a 的值为________。

14. 二项式$\left(x^2-\frac{2}{x}\right)^6$ 展开式中的常数项为________。(用数字作答)

15. 已知函数$f(x)=\dfrac{2-\cos\left(\frac{\pi}{4}-\frac{\pi x}{4}\right)+\sin\left(\frac{\pi}{4}-\frac{\pi x}{4}\right)}{x^2+4x+5}(-4\leqslant x\leqslant 0)$，则$f(x)$的最大值为________。

16. 若 $a+b\neq 0$，则 $a^2+b^2+\frac{1}{(a+b)^2}$的最小值为________。

三、解答题(本大题共 5 小题，第 17 小题 8 分，第 18～21 小题每小题 10 分，共48 分)

17. 在锐角△ABC 中，角 A,B,C 所对的边分别为 a,b,c，已知$\sqrt{3}a=2c\sin A$。

(1)求∠C 的值；(4 分)

(2)若 $c=\sqrt{7}$，且 $S_{\triangle ABC}=\frac{3\sqrt{3}}{2}$，求 $a+b$ 的值。(4 分)

18. 如图，在平行六面体 $ABCD-A_1B_1C_1D_1$ 中，$AA_1\perp$ 平面 $ABCD$，且 $AB=AD=2$，$AA_1=\sqrt{3}$，$\angle BAD=120°$。

(1)求异面直线 A_1B 与 AC_1所成的角的余弦值；(5 分)

(2)求二面角 $B-A_1D-A$ 的正弦值。(5 分)

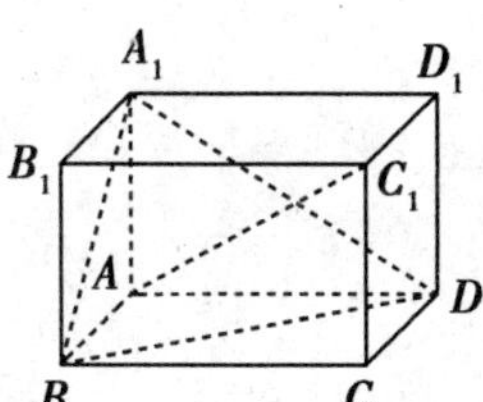

19. 已知椭圆 $W:\frac{x^2}{4}+y^2=1$,直线 l 过点 $(0,-2)$ 与椭圆 W 交于 A,B 两点,O 为坐标原点。

(1)设 C 为 AB 的中点,当直线 l 的斜率为 $\frac{3}{2}$ 时,求线段 OC 的长;(5 分)

(2)当 $\triangle OAB$ 的面积等于 1 时,求直线 l 的斜率。(5 分)

20. 已知函数 $f(x)=x-\frac{1}{x}-a\ln x(a\in\mathbf{R})$。

(1)当 $a>0$ 时,讨论 $f(x)$ 的单调区间;(5 分)

(2)设 $g(x)=x-\frac{a}{2}\ln x$,当 $f(x)$ 有两个极值点 x_1,x_2,且 $x_1\in(0,\mathrm{e}]$ 时,求 $g(x_1)-g(x_2)$ 的最小值。

(5 分)

21. 在无穷数列 $\{a_n\}$ 中,$a_1=1$,对于任意 $n\in\mathbf{R}_+$,都有 $a_n\in\mathbf{R}_+$,$a_n<a_{n+1}$。设 $m\in\mathbf{R}_+$,记使得 $a_n\leqslant m$ 成立的 n 的最大值为 b_m。

(1)设数列 $\{a_n\}$ 为 1,3,5,7,…,写出 b_1,b_2,b_3 的值;(2 分)

(2)若 $\{b_n\}$ 为等差数列,求出所有可能的数列 $\{a_n\}$;(3 分)

(3)设 $a_p=q$,$a_1+a_2+\cdots+a_p=A$,求 $b_1+b_2+\cdots+b_q$ 的值。(用 p,q,A 表示)(5 分)

预测试卷

教师招聘考试预测试卷(一)

中学数学

(时间:120 分钟　总分:100 分)

本套试卷共 26 小题,包括单项选择题(15 小题),填空题(5 小题),解答题(4 小题),案例分析题(1 小题),教学设计题(1 小题)。

一、单项选择题(本大题共 15 小题,每小题 2 分,共 30 分)

1. 已知命题 p:"$\forall a\geqslant 0,a^4+a^2\geqslant 0$",则命题$\neg p$ 为(　　)

A. $\forall a\geqslant 0,a^4+a^2<0$　　B. $\forall a\geqslant 0,a^4+a^2\leqslant 0$

C. $\exists a_0<0,{a_0}^4+{a_0}^2<0$　　D. $\exists a_0\geqslant 0,{a_0}^4+{a_0}^2<0$

2. 设集合 $A=\{0,2,a^2\}$,$B=\{0,1,a\}$,若 $A\cap B=\{0,1\}$,则实数 a 的值为(　　)

A. 0　　B. -1　　C. 1　　D. -1 或 1

3. 如图,正方形 $ABCD$ 内的图形来自中国古代的太极图,正方形内切圆中的黑色部分和白色部分关于正方形的中心成中心对称,在正方形内随机取一点,则此点取自黑色部分的概率是(　　)

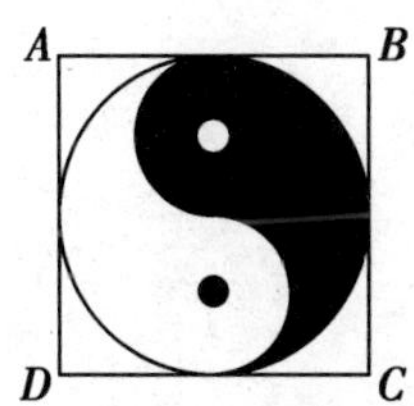

A. $\frac{1}{4}$　　B. $\frac{\pi}{8}$　　C. $\frac{1}{2}$　　D. $\frac{\pi}{4}$

4. 若 $x\in(e^{-1},1)$,$a=\ln x$,$b=2\ln x$,$c=\ln^3 x$,则 a,b,c 的大小关系为(　　)

A. $a<b<c$　　B. $b<a<c$　　C. $c<a<b$　　D. $c<b<a$

5. 定义在 $\mathbf{R}$ 上的函数 $f(x)$ 满足:①$f(0)=0$;②$f(x)+f(1-x)=1$;③$f\left(\frac{x}{3}\right)=\frac{1}{2}f(x)$ 且 $0\leqslant x_1\leqslant x_2\leqslant 1$ 时,$f(x_1)\leqslant f(x_2)$,则 $f\left(\frac{1}{3}\right)+f\left(\frac{1}{8}\right)=$(　　)

A. 1　　B. $\frac{3}{4}$　　C. $\frac{1}{3}$　　D. $\frac{1}{2}$

6. 右面程序框图是为了求出满足 $3^n-2^n>1000$ 的最小偶数 n,那么在◇和▭两个空白框中,可以分别填入(　　)

开始
输入 $n=0$
$A=3^n-2^n$
是
否
输出 n
结束

A. $A>1000$? 和 $n=n+1$　　B. $A>1000$? 和 $n=n+2$

C. $A\leqslant 1000$? 和 $n=n+1$　　D. $A\leqslant 1000$? 和 $n=n+2$

7. 若曲线 $x^2+y^2+2x-6y+1=0$ 上有相异两点 P,Q 关于直线 $kx+2y-4=0$ 对称,则 k 的值为(　　)

A. 1　　B. -1

C. $\frac{1}{2}$　　D. 2

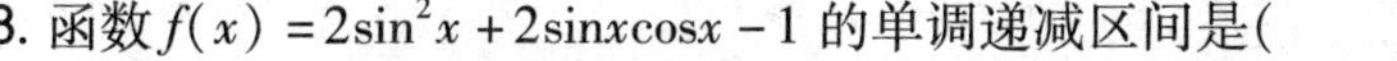

8. 函数 $f(x)=2\sin^2x+2\sin x\cos x-1$ 的单调递减区间是(　　)

A. $\left[\frac{3\pi}{8}+k\pi,\frac{7\pi}{8}+k\pi\right],k\in\mathbf{Z}$　　B. $\left[\frac{3\pi}{8}+2k\pi,\frac{7\pi}{8}+2k\pi\right],k\in\mathbf{Z}$

C. $\left[-\frac{\pi}{8}+k\pi,\frac{3\pi}{8}+k\pi\right],k\in\mathbf{Z}$　　D. $\left[-\frac{\pi}{8}+2k\pi,\frac{3\pi}{8}+2k\pi\right],k\in\mathbf{Z}$

9. 若 $(1-3x)^5=a_0+a_1x+a_2x^2+a_3x^3+a_4x^4+a_5x^5$,则 $|a_0|+|a_1|+|a_2|+|a_3|+|a_4|+|a_5|=$(　　)

A. 1024　　B. 243　　C. 32　　D. 24

10. 直线 l 的方向向量为 $\mathbf{n}=(4,3)$,且 l 过抛物线 $x^2=4y$ 的焦点,则直线 l 与抛物线围成的封闭图形的面积为(　　)

A. $\frac{85}{8}$　　B. $\frac{125}{24}$　　C. $\frac{125}{12}$　　D. $\frac{385}{24}$

11. 设 $F(x)=\begin{cases}\frac{f(x)}{x},x\neq 0,\\0,x=0,\end{cases}$ 且 $f(x)$ 在 $x=0$ 处可导,$f'(0)\neq 0$,$f(0)=0$,则 $x=0$ 是 $F(x)$ 的(　　)

A. 可去间断点　　B. 跳跃间断点　　C. 无穷间断点　　D. 连续点

12. 已知抛物线 C_1 的准线为 $l:x=-4$,焦点是双曲线 $C_2:\frac{x^2}{4}-\frac{y^2}{b^2}=1$ 的右焦点 F_2,若 C_1 与 C_2 的一个交点为 P,则 PF_2 的值为(　　)

A. $\frac{4}{3}$　　B. $\frac{10}{3}$　　C. 4　　D. 10

13. 已知 $a>1$,设函数 $f(x)=a^x+x-4$ 的零点为 m,$g(x)=\log_a x+x-4$ 的零点为 n,则 mn 的最大值为(　　)

A. 8　　B. 4　　C. 2　　D. 1

14. 以下证明所犯的错误主要是(　　)

已知$\sqrt{2}$和$\sqrt{3}$是无理数,试证$\sqrt{2}+\sqrt{3}$也是无理数。

证明:依题设$\sqrt{2}$和$\sqrt{3}$是无理数,而无理数与无理数的和是无理数,所以$\sqrt{2}+\sqrt{3}$也是无理数。

A. 偷换论题　　B. 虚假论据　　C. 循环论证　　D. 不能推出

15. 在判断函数$f(x)=x^3+ax+5(a\in\mathbf{R})$的单调性过程中渗透的主要数学思想是(　　)

A. 分类与整合思想,方程与函数思想　　B. 分类与整合思想,特殊与一般思想

C. 数列与集合思想,或然与必然思想　　D. 方程与函数思想,特殊与一般思想

二、填空题(本大题共5小题,每小题2分,共10分)

16. 连掷两次骰子得到的点数分别为m和n,记向量$\boldsymbol{a}=(m,n)$与向量$\boldsymbol{b}=(-3,3)$的夹角为θ,则$\theta\in\left(0,\frac{\pi}{2}\right]$的概率是________。

17. 设$f(x)=\begin{cases}e^{-\frac{1}{x}}+a, & x>0,\\ \dfrac{\sqrt{1-\cos x}}{x}, & x<0,\end{cases}$ 且$\lim\limits_{x\to 0}f(x)$存在,则a的值为________。

18. 从一个棱长为3的正方体中切去一些部分,得到一个几何体,其三视图如图,则该几何体的体积是________。

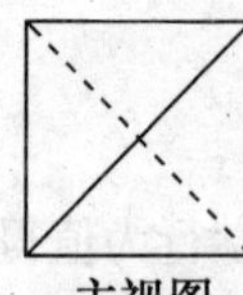
主视图

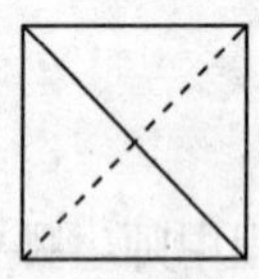
左视图

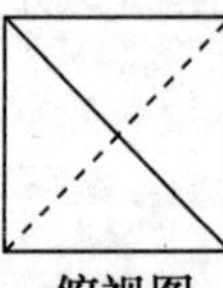
俯视图

19. 某校医务室为了预防流感,准备从高一年级的10个班中抽取23名同学进行健康检查,要求每个班被抽到的同学不少于2人,那么不同的抽取方法共有________种。

20.《义务教育数学课程标准》(2022年版)指出,在义务教育阶段,数学眼光主要表现为:________。(填写正确结论的序号)

①抽象能力;②模型意识;③空间观念;④数据意识;⑤创新意识;⑥推理能力;⑦几何直观。

三、解答题(本大题共4小题,每小题10分,共40分)

21. 某市拟定2018年建设A、B、C三项重点工程,该市一大型城建公司准备参加这三个工程的竞标,假设这三个工程竞标成功与否相互独立,该公司对A、B、C三项重点工程竞标成功的概率分别为$a,b,\frac{1}{4}(a>b)$,已知三项工程都竞标成功的概率为$\frac{1}{24}$,至少有一项工程竞标成功的概率为$\frac{3}{4}$。

(1)求a与b的值;(4分)

(2)公司准备对该公司参加A,B,C三项工程的竞标团队进行奖励,A工程竞标成功奖励2万元,B工程竞标成功奖励4万元,C工程竞标成功奖励6万元,求竞标团队获得奖励金额的分布列与数学期望。(6分)

22. 设$f(x)=a(x-5)^2+6\ln x$,其中$a\in\mathbf{R}$,曲线$y=f(x)$在点$(1,f(1))$处的切线与y轴相交于点$(0,6)$。

(1)确定a的值;(4分)

(2)求函数$f(x)$的单调区间与极值。(6分)

23. 如图 A,B 是海面上位于东西方向相距 $5(3+\sqrt{3})$ 海里的两个观测点，现位于 A 点北偏东 $45°$，B 点北偏西 $60°$ 的 D 点有一艘轮船发出求救信号，位于 B 点南偏西 $60°$ 且与 B 点相距 $20\sqrt{3}$ 海里的 C 点的救援船立即前往营救，其航行速度为 30 海里/小时，该救援船到达 D 点需要多长时间？

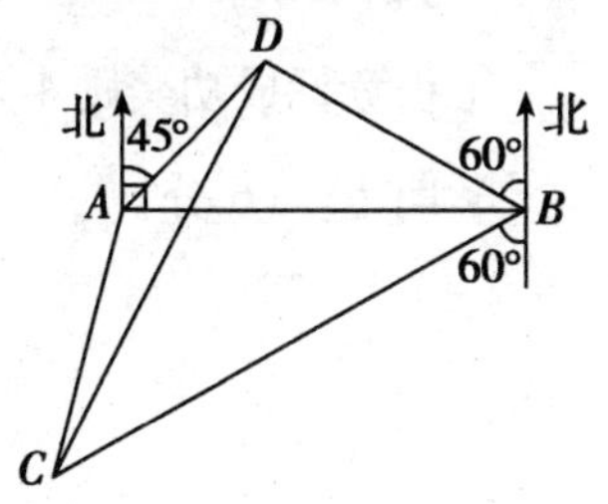

24. 设数列 $\{a_n\}$ 的前 n 项和为 S_n，已知 $S_n=2-a_n$。

(1)求数列 $\{a_n\}$ 的通项公式；(4 分)

(2)设 $b_n=na_n$，求数列 $\{b_n\}$ 的前 n 项和 T_n。(6 分)

四、案例分析题(本大题共 10 分)

25. 以下是"平方差公式"一课的教学片段。

师：我们已经运用多项式乘法法则证明了平方差公式，现在我们能否用图形来证明平方差公式呢？这可是我们从来没有做过的，今天，我们可以大胆试一试，看看从中能发现什么。

生：(齐答)好！

师：请大家拿起我们手头的纸卡(课前已准备)，同学们观察一下这张纸卡是什么图形？

生：正方形。

师：白色部分呢？

生：也是正方形。

师：请你动手把白色小正方形部分剪掉，然后求出所剩面积是多少？同学们自己独立思考一下，再与小组同学交流。(此时，学生开始动手探究，并与小组同学交流)

师：哪个小组先来说一说？

生：(代表组发言)我们组是这样的，先设大正方形的边长为 a，小正方形的边长为 b，然后用大正方形的面积减去小正方形的面积就是：a^2-b^2。

师：同学们再动手做一做，看看用什么办法能证明我们求得的面积是正确的，从中发现了什么，这个问题有一定的难度，还是小组合作学习吧！(同学们开始合作学习，教师深入各组巡视指导，大约 5 分钟)

问题：

(1)分析上述教学片段，教学过程中师生哪些教学行为值得肯定；(5 分)

(2)分析上述教学过程中存在的问题，并进行改正。(5 分)

五、教学设计题(本大题共10分)

26. 阅读以下材料,回答问题。

我们猜想角的平分线有以下性质:

角的平分线上的点到角的两边的距离相等.

下面,我们利用三角形全等证明这个性质. 首先,要分清其中的“已知”和“求证”. 显然,已知为“一个点在一个角的平分线上”,要证的结论为“这个点到这个角两边的距离相等”. 为了更直观、清楚地表达题意,我们通常在证明之前画出图形,并用符号表示已知和求证.

如图12.3-4,$\angle AOC=\angle BOC$,点 P 在 OC 上,$PD\perp OA$,$PE\perp OB$,垂足分别为 D,E. 求证 $PD=PE$.

证明:∵ $PD\perp OA$,$PE\perp OB$,

∴ $\angle PDO=\angle PEO=90°$.

在△PDO 和△PEO 中,

$$\begin{cases}\angle PDO=\angle PEO,\\ \angle AOC=\angle BOC,\\ OP=OP,\end{cases}$$

∴ $\triangle PDO\cong\triangle PEO$(AAS).

∴ $PD=PE$.

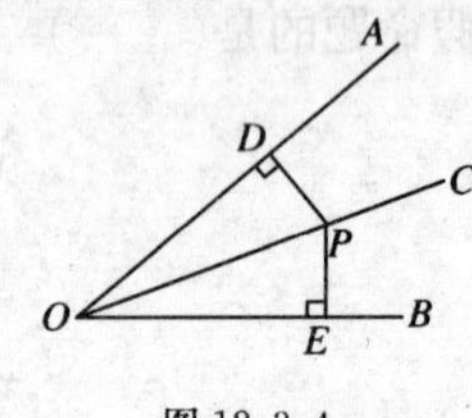

图12.3-4

一般情况下,我们要证明一个几何命题时,可以按照类似的步骤进行,即

1. 明确命题中的已知和求证;
2. 根据题意,画出图形,并用符号表示已知和求证;
3. 经过分析,找出由已知推出要证的结论的途径,写出证明过程.

思考

如图12.3-5,要在 S 区建一个集贸市场,使它到公路、铁路的距离相等,并且离公路与铁路的交叉处500 m. 这个集贸市场应建于何处(在图上标出它的位置,比例尺为1∶20 000)?

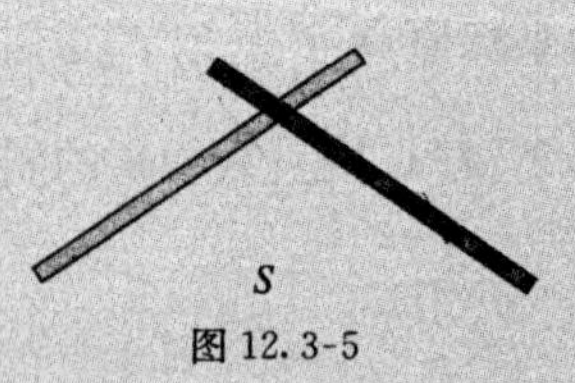

图12.3-5

我们知道,角的平分线上的点到角的两边的距离相等. 到角的两边的距离相等的点是否在角的平分线上呢? 利用三角形全等,可以得到

角的内部到角的两边的距离相等的点在角的平分线上.

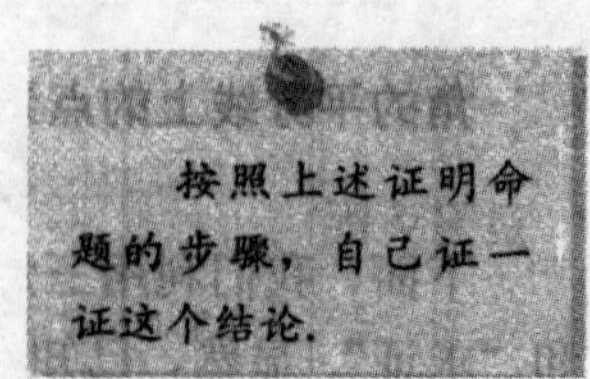

根据上述结论,就知道这个集贸市场应建于何处了.

例 如图12.3-6,△ABC 的角平分线 BM,CN 相交于点 P. 求证:点 P 到三边 AB,BC,CA 的距离相等.

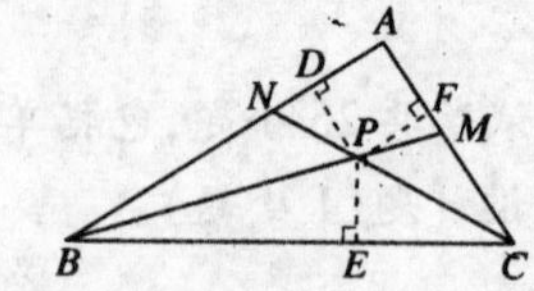

图12.3-6

证明:过点 P 作 PD,PE,PF 分别垂直于 AB,BC,CA,垂足分别为 D,E,F.

∵ BM 是△ABC 的角平分线,点 P 在 BM 上,

∴ $PD=PE$.

同理 $PE=PF$.

∴ $PD=PE=PF$.

即点 P 到三边 AB,BC,CA 的距离相等.

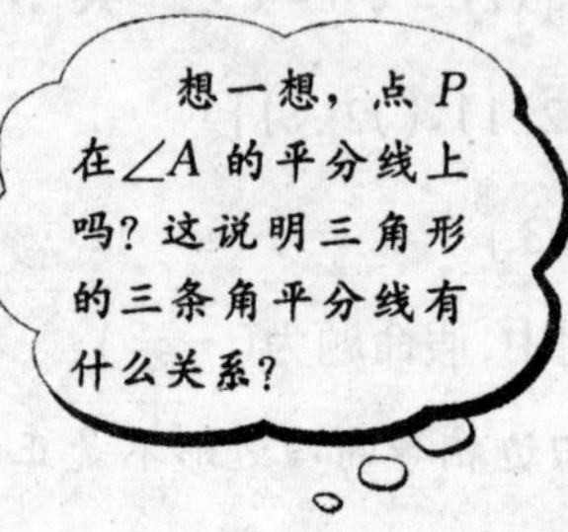

问题:

(1)请根据对以上材料的分析来设计本节课的教学目标及教学重难点;(6分)

(2)说说针对该节课你的教法与学法。(4分)

教师招聘考试预测试卷(二)

中学数学

(时间:120 分钟　总分:100 分)

本套试卷共 26 小题,包括单项选择题(15 小题),填空题(5 小题),解答题(4 小题),论述题(1 小题),教学设计题(1 小题)。

一、单项选择题(本大题共 15 小题,每小题 2 分,共 30 分)

1. 集合 $A=\{x\mid y=\sqrt{3-x^2},x\in\mathbf{R}\}$,$B=\{y\mid y=x^2-1,x\in\mathbf{R}\}$,则 $A\cap B=$(　　)

A. $\{(-\sqrt{2},1),(\sqrt{2},1)\}$　　B. $\varnothing$

C. $[-1,\sqrt{3}]$　　D. $[0,\sqrt{3}]$

2. 下列命题中,假命题为(　　)

A. 存在四边相等的四边形不是正方形

B. $z_1,z_2\in\mathbf{C}$,“z_1+z_2 为实数”的充分必要条件是“z_1,z_2 互为共轭复数”

C. 若 $x,y\in\mathbf{R}$,且 $x+y>2$,则 x,y 至少有一个大于 1

D. 对于任意 $n\in\mathbf{N}_+$,$\mathrm{C}_n^0+\mathrm{C}_n^1+\cdots+\mathrm{C}_n^n$ 都是偶数

3. 已知复数 z 在复平面上对应的点位于第二象限,且 $(1-\mathrm{i})z=1+a\mathrm{i}$(其中 i 是虚数单位),则实数 a 的取值范围是(　　)

A. $(1,+\infty)$　　B. $(-1,1)$

C. $(-\infty,-1)$　　D. $(-\infty,-1)\cup(1,+\infty)$

4. 在△ABC 中,内角 A,B,C 所对的边分别为 a,b,c,若 $c^2=(a-b)^2+6$,且 $\overrightarrow{AC}\cdot\overrightarrow{CB}=-\frac{1}{2}ab$,则△$ABC$ 的面积是(　　)

A. $\frac{9\sqrt{3}}{2}$　　B. $\frac{3\sqrt{3}}{2}$　　C. 3　　D. $3\sqrt{3}$

5. 已知函数 $f(x)$ 是定义在 $\mathbf{R}$ 上的偶函数,且在区间 $[0,+\infty)$ 上对于任意两个不相等的实数 x_1,x_2 恒有 $\frac{f(x_1)-f(x_2)}{x_1-x_2}<0$ 成立,若实数 a 满足 $f(\log_6 a)\geqslant f(-1)$,则 a 的取值范围是(　　)

A. $\left[\frac{1}{6},6\right]$　　B. $\left[\frac{1}{6},+\infty\right)$

C. $(0,6]$　　D. $(-\infty,6]$

6. 已知直线 $l_1:ax+2y+3=0$,$l_2:x+(3-a)y-3=0$,则“$a=6$”是“$l_1\perp l_2$”的(　　)

A. 充分但不必要　　B. 必要但不充分

C. 充分必要条件　　D. 既不充分也不必要

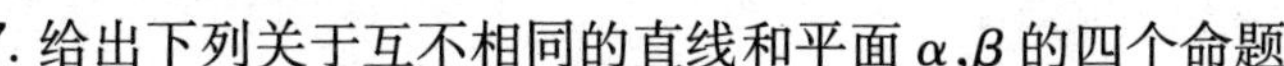

7. 给出下列关于互不相同的直线和平面 α,β 的四个命题:

①若 $m\subset\alpha$,$l\cap\alpha=A$,点 $A\notin m$,则 l 与 m 不共面;

②若 m,l 是异面直线,$l/\!/\alpha$,$m/\!/\alpha$,且 $n\perp l$,$n\perp m$,则 $n\perp\alpha$;

③若 $l/\!/\alpha$,$m/\!/\beta$,$\alpha/\!/\beta$,则 $l/\!/m$;

④若 $l\subset\alpha$,$m\subset\alpha$,$l\cap m=A$,$l/\!/\beta$,$m/\!/\beta$,则 $\alpha/\!/\beta$。

其中为假命题的是(　　)

A. ①　　B. ②

C. ③　　D. ④

8. 若实数 x,y 满足不等式组 $\begin{cases}x+3y-3\geqslant0,\\2x-y-3\leqslant0,\\x-my+1\geqslant0,\end{cases}$ 且 $x+y$ 的最大值为 9,则实数 $m=$(　　)

A. -2　　B. -1

C. 1　　D. 2

9. 对任意向量 $\boldsymbol{a},\boldsymbol{b}$,下列关系式中不恒成立的是(　　)

A. $|\boldsymbol{a}\cdot\boldsymbol{b}|\leqslant|\boldsymbol{a}||\boldsymbol{b}|$　　B. $|\boldsymbol{a}-\boldsymbol{b}|\leqslant||\boldsymbol{a}|-|\boldsymbol{b}||$

C. $(\boldsymbol{a}+\boldsymbol{b})^2=|\boldsymbol{a}+\boldsymbol{b}|^2$　　D. $(\boldsymbol{a}+\boldsymbol{b})\cdot(\boldsymbol{a}-\boldsymbol{b})=\boldsymbol{a}^2-\boldsymbol{b}^2$

10. 设 O 为坐标原点,P 是以 F 为焦点的抛物线 $y^2=2px(p>0)$ 上任意一点,M 是线段 PF 上的点,且 $|PM|=2|MF|$,则直线 OM 的斜率的最大值为(　　)

A. $\frac{\sqrt{3}}{3}$　　B. $\frac{2}{3}$

C. $\frac{\sqrt{2}}{2}$　　D. 1

11. 已知函数 $f(x)=|\log_4 x|$,正实数 m,n 满足 $m<n$,且 $f(m)=f(n)$,若 $f(x)$ 在区间 $[m^2,n]$ 上的最大值为 2,则 m,n 的值分别为(　　)

A. $\frac{1}{2},2$　　B. $\frac{1}{4},4$

C. $\frac{1}{4}$,2　　　　D. $\frac{1}{2}$,4

12. 已知函数 $f(x)$ 满足:$f(x)\geqslant|x|$,且 $f(x)\geqslant 2^x$,$x\in\mathbf{R}$。以下说法正确的是(　　)

A. 若 $f(a)\leqslant|b|$,则 $a\leqslant b$　　　　B. 若 $f(a)\leqslant 2^b$,则 $a\leqslant b$

C. 若 $f(a)\geqslant|b|$,则 $a\geqslant b$　　　　D. 若 $f(a)\geqslant 2^b$,则 $a\geqslant b$

13. A,B 两人进行象棋比赛,根据 A,B 两人以往的比赛情况,A 取胜的概率是 $\frac{3}{5}$,没有平局,比赛时均能发挥正常水平,则在 5 局 3 胜制中,A 打完 4 局才胜出的概率是(　　)

A. $C_3^2\left(\frac{3}{5}\right)^2\frac{2}{5}$　　　　B. $C_3^2\left(\frac{3}{5}\right)^3\frac{2}{5}$

C. $C_4^3\left(\frac{3}{5}\right)^3\frac{2}{5}$　　　　D. $C_5^3\left(\frac{3}{5}\right)^3\frac{2}{5}$

14. 假定学生已经掌握"三角形的高"这个概念,判断学生掌握这个概念的行为标准是(　　)

A. 学生能说明三角形高的本质特征

B. 学生能陈述三角形高的定义

C. 给出任意三角形(如锐角、直角、钝角三角形)的图形或实物,学生能正确画出它们的高(或找出它们的高)

D. 懂得三角形的高是与底边相垂直的

15.《普通高中数学课程标准》(2017 年版 2020 年修订)中指出,数学学科核心素养是数学课程目标的集中体现,其中(　　)是得到数学结论、构建数学体系的重要方式,是数学严谨性的基本保证。

A. 数学抽象　　　　B. 逻辑推理

C. 直观想象　　　　D. 数学建模

二、填空题(本大题共 5 小题,每小题 2 分,共 10 分)

16. 如右图,点 A 的坐标为$(1,0)$,点 C 的坐标为$(2,4)$,函数 $f(x)=x^2$,若在矩形 $ABCD$ 内随机取一点,则此点取自阴影部分的概率等于________。

17. 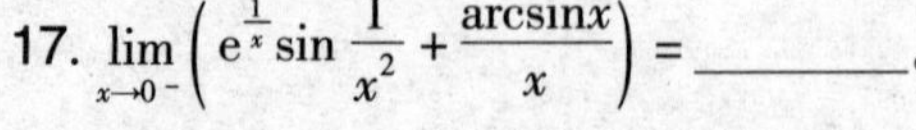 $\lim\limits_{x\to 0^-}\left(e^{\frac{1}{x}}\sin\frac{1}{x^2}+\frac{\arcsin x}{x}\right)=$________。

18. 函数 $f(x)=4\sin x\cos^2\frac{x}{2}-2\cos\left(\frac{\pi}{2}-x\right)-|\ln(x+1)|$ 的零点个数为________。

19. 已知 P 是直线 $3x+4y+8=0$ 上的动点,PA,PB 是圆 $x^2+y^2-2x-2y+1=0$ 的两条切线,A,B 是切点,C 是圆心,那么四边形 $PACB$ 面积的最小值为________。

20. 某四棱锥的三视图如下,则该四棱锥的体积为________。

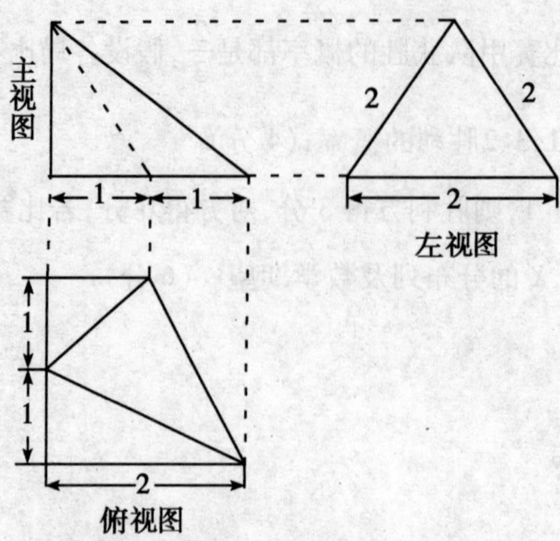

三、解答题(本大题共 4 小题,每小题 10 分,共 40 分)

21. 如图,正方形 $ABCD$ 的边长为 6,点 E 在边 AB 上,连结 ED,过点 D 作 $FD\perp DE$ 与 BC 的延长线相交于点 F,连结 EF 与边 CD 相交于点 G,与对角线 BD 相交于点 H。

(1)若 $BD=BF$,求 BE 的长;(4 分)

(2)若 $\angle 2=2\angle 1$,求证:$HF=HE+HD$。(6 分)

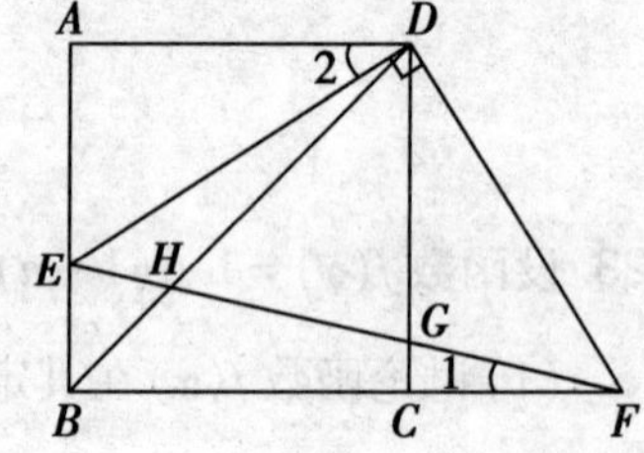

22. 甲、乙两支排球队进行比赛，约定先胜 3 局者获得比赛的胜利，比赛随即结束，除第五局甲队获胜的概率是$\frac{1}{2}$外，其余每局比赛甲队获胜的概率都是$\frac{2}{3}$，假设各局比赛结果相互独立。

(1) 分别求甲队以 3:0，3:1，3:2胜利的概率；(4 分)

(2) 若比赛结果为 3:0或 3:1，则胜利方得 3 分，对方得 0 分；若比赛结果为 3:2，则胜利方得 2 分，对方得 1 分。求乙队得分 X 的分布列及数学期望。(6 分)

23. 设函数 $f(x)=1+(1+a)x-x^2-x^3$，其中 $a>0$。

(1) 讨论函数 $f(x)$ 在其定义域上的单调性；(4 分)

(2) 当 $x\in[0,1]$ 时，求 $f(x)$ 取得最大值和最小值时的 x 的值。(6 分)

24. 如图，在四棱锥 $P-ABCD$ 中，底面 $ABCD$ 是平行四边形，$\angle BCD=135°$，侧面 $PAB\perp$ 底面 $ABCD$，$\angle BAP=90°$，$AB=AC=PA=2$，E，F 分别为 BC，AD 的中点，点 M 在线段 PD 上。

(1) 求证：$EF\perp$ 平面 PAC；(3 分)

(2) 若 M 为 PD 的中点，求证：$ME /\!/$ 平面 PAB；(3 分)

(3) 如果直线 ME 与平面 PBC 所成的角和直线 ME 与平面 $ABCD$ 所成的角相等，求$\frac{PM}{PD}$的值。(4 分)

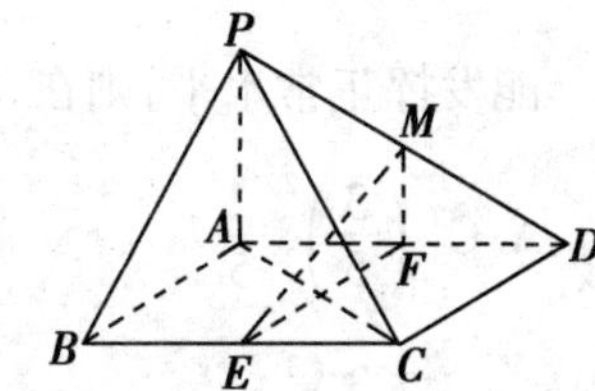

四、论述题（本大题共 8 分）

25. 如何提高课堂上情境创设、合作学习、自主探究的实效性？

五、教学设计题(本大题共 12 分)

26. 勾股定理教学片段。

师:请同学们观察下面的图片,思考以下几个问题:

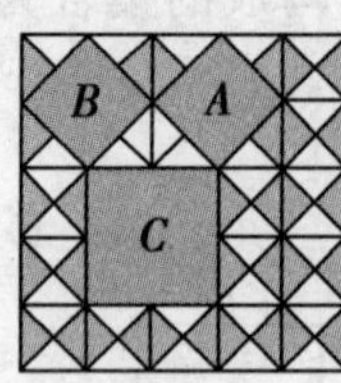

(1)正方形 A,B,C 的面积有什么数量关系?

(2)以等腰直角三角形两直角边为边长的小正方形的面积和以斜边为边长的大正方形的面积之间有什么关系?

生 1:A 的面积 $+B$ 的面积 $=C$ 的面积。

生 2:以等腰直角三角形两直角边为边长的两个小正方形的面积和等于以斜边为边长的大正方形的面积。

师:那么你能说出等腰直角三角形三边之间有着怎样的数量关系吗?

生:等腰直角三角形两直角边的平方和等于斜边的平方。

师:通过刚才的问题我们发现等腰直角三角形的三边具有"两直角边的平方和等于斜边的平方"这一结论,那么一般的直角三角形是否也有这样的特点呢?

(教师通过几何画板引导学生分别计算以直角三角形的三边长为边长的正方形的面积)

师:通过比较三个正方形的面积,你能猜想直角三角形三条边之间具有怎样的数量关系吗?

生:直角三角形两直角边的平方和等于斜边的平方。

师:现在有这样一个命题"如果直角三角形的两条直角边分别为 a 和 b,斜边为 c,那么 $a^2+b^2=c^2$",你能证明出这个命题是正确的吗?

(通过思考、交流,仍没有学生会进行证明)

师:看来这个问题难度很大啊,在前面发现结论的过程中,我们是通过计算正方形的面积获得结论的。现在,我们的已知条件是一个直角三角形,如何利用"直角三角形"构造出"正方形"呢?

(学生思考)

师:我给你们每人 4 个直角三角形,你们能用这些直角三角形拼出一个允许有缝隙的正方形吗?

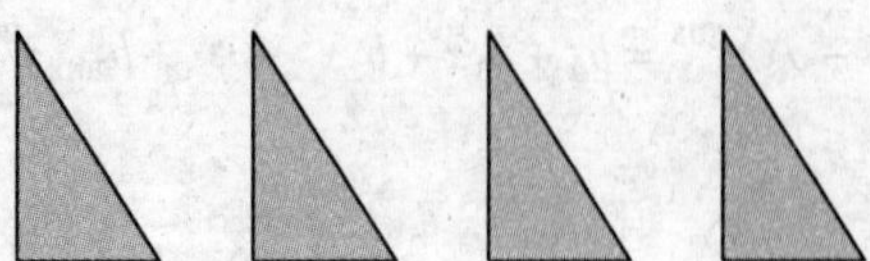

(学生动手实践,教师巡视,并让学生将已经拼好的作品展示在黑板上。利用拼好的图形来证明定理)

问题:

(1)上述教学过程中蕴含了哪些数学思想方法?请分别指出来并简要说明;(3 分)

(2)请确定该教学片段的教学目标;(4 分)

(3)请设计三道练习题以巩固勾股定理。(5 分)

教师招聘考试预测试卷(三)

中学数学

(时间:120 分钟　总分:100 分)

本套试卷共 28 小题,包括单项选择题(15 小题),填空题(10 小题),解答题(3 小题)。

一、单项选择题(本大题共 15 小题,每小题 3 分,共 45 分)

1. 已知集合 $A=\{x|x^2-x-2\leqslant 0\}$,$B=\{x|2a<x<a+3\}$,若 $A\cap B=\varnothing$,则实数 a 的取值范围是(　　)

A. $(-\infty,-4)\cup(3,+\infty)$　　B. $(-\infty,-4]\cup[3,+\infty)$

C. $(-\infty,-4)\cup(1,+\infty)$　　D. $(-\infty,-4]\cup[1,+\infty)$

2. 方程 $|x|-2=\sqrt{4-y^2}$ 表示的曲线是(　　)

A. 两条射线　　B. 两个半圆

C. 一个圆　　D. 两个圆

3. 以下各图均由彼此连结的六个小正方形纸片组成,其中不能折叠成一个正方体的是(　　)

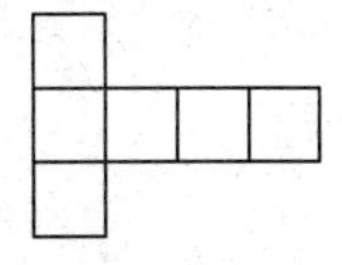
A

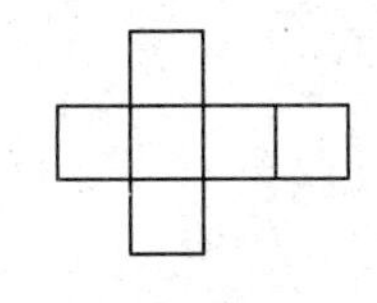
B

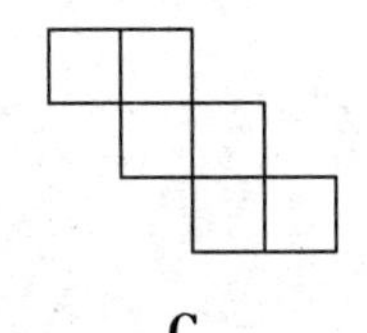
C

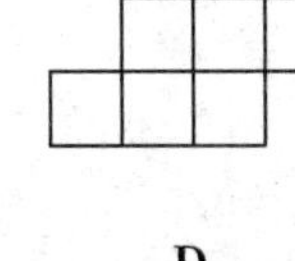
D

4. 已知 $\angle AOB=45°$,求作 $\angle AOP=22.5°$,作法:(1)以 O 为圆心,任意长为半径画弧分别交 OA,OB 于点 N,M;(2)分别以 N,M 为圆心,以 OM 长为半径在角的内部画弧交于点 P;(3)作射线 OP,则 OP 为 $\angle AOB$ 的角平分线,可得 $\angle AOP=22.5°$。根据以上作法,某同学有以下 3 种证明思路:

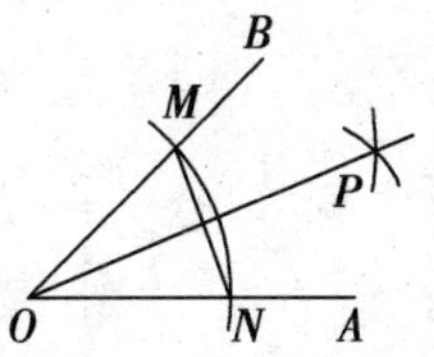

①可证明 $\triangle OPN\cong\triangle OPM$,得 $\angle POA=\angle POB$,可得结论;②可证明四边形 $OMPN$ 为菱形,OP,MN 互相垂直平分,得 $\angle POA=\angle POB$,可得结论;③可证明 $\triangle PMN$ 为等边三角形,OP,MN 互相垂直平分,从而得 $\angle POA=\angle POB$,可得结论。你认为该同学以上 3 种证明思路中,正确的有(　　)

A. ①②　　B. ①③

C. ②③　　D. ①②③

5. 调查表明,酒后驾驶是导致交通事故的主要原因之一,交通法规规定:驾驶员在驾驶机动车时血液中酒精含量不得超过 0.2 mg/mL。如果某人喝了少量酒后,血液中酒精含量将迅速上升到 0.8mg/mL,在停止喝酒后,血液中酒精含量就以每小时 50% 的速度减少,则他至少要经过(　　)小时后才可以驾驶机动车。

A. 1　　B. 2　　C. 3　　D. 4

6. 执行如图所示的程序框图,设输出的数据构成的集合为 M,从集合 M 中任取一个元素 a,则式子 $\log_3|a-6|$ 取得的最大值为(　　)

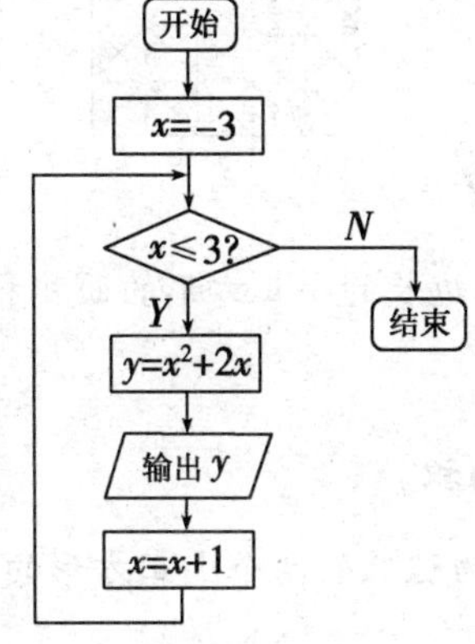

A. 1　　B. 2　　C. 3　　D. 0

7. 如图,三行三列的方阵中有 9 个数 $a_{ij}(i=1,2,3;j=1,2,3)$,从中任取三个数,则至少有两个数位于同行或同列的概率是(　　)

$$\begin{pmatrix} a_{11} & a_{12} & a_{13} \\ a_{21} & a_{22} & a_{23} \\ a_{31} & a_{32} & a_{33} \end{pmatrix}$$

A. $\frac{3}{7}$　　B. $\frac{4}{7}$　　C. $\frac{1}{14}$　　D. $\frac{13}{14}$

8. 下列结论中,正确的命题个数是(　　)

①命题“如果 $p^2+q^2=2$,则 $p+q\leqslant 2$”的逆否命题是“如果 $p+q>2$,则 $p^2+q^2\neq 2$”;

②已知 $\boldsymbol{a},\boldsymbol{b},\boldsymbol{c}$ 为非零的平面向量,甲:$\boldsymbol{a}\cdot\boldsymbol{b}=\boldsymbol{a}\cdot\boldsymbol{c}$,乙:$\boldsymbol{b}=\boldsymbol{c}$,则甲是乙的必要条件,但不是充分条件;

③p:$y=a^x(a>0$ 且 $a\neq 1)$ 是周期函数,q:$y=\sin x$ 是周期函数,则 $p\wedge q$ 是真命题;

④命题 p:$\exists x\in\mathbf{R},x^2-3x+2\geqslant 0$ 的否定是:$\neg p$:$\forall x\in\mathbf{R},x^2-3x+2<0$。

A. 1 个　　B. 2 个

C. 3 个　　D. 4 个

9. 已知 $a=\frac{2}{\pi}\int_0^2\sqrt{4-x^2}\,\mathrm{d}x$,若 $(1-ax)^{2018}=b_0+b_1x+b_2x^2+\cdots+b_{2018}x^{2018}(x\in\mathbf{R})$,则 $\frac{b_1}{2}+\frac{b_2}{2^2}+\cdots+\frac{b_{2018}}{2^{2018}}$ 的值为(　　)

A. 0　　B. -1　　C. 1　　D. 2

10. 设 α,β 是两个平面，可推得 $\alpha/\!/\beta$ 的条件是(　　)

A. 存在一条直线 $a,a/\!/\alpha$

B. 存在一条直线 $a,a\subset\alpha,a/\!/\beta$

C. 存在两条异面直线 $a,b,a\subset\alpha,b\subset\beta,a/\!/\beta,b/\!/\alpha$

D. 存在两条平行直线 $a,b,a\subset\alpha,b\subset\beta,a/\!/\beta,b/\!/\alpha$

11. 如右图，某几何体的正视图、侧视图和俯视图分别是等边三角形、等腰三角形和菱形，则该几何体的体积为(　　)

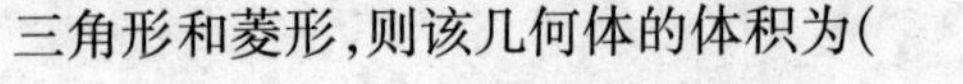

A. 3　　　　B. 4

C. $2\sqrt{3}$　　　　D. $4\sqrt{3}$

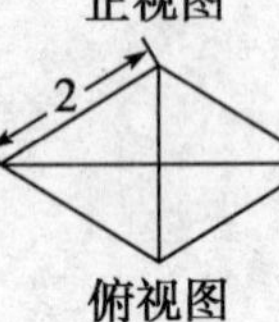

正视图　侧视图

俯视图

12. 设实部为正数的复数 z，满足 $|z|=\sqrt{10}$，且复数 $(1+2\mathrm{i})z$ 在复平面上对应的点在第一、三象限的角平分线上，若 $\bar{z}+\dfrac{m-\mathrm{i}}{1+\mathrm{i}}(m\in\mathbf{R})$ 为纯虚数，则实数 m 的值为(　　)

A. 0　　B. -6　　C. -10　　D. -5

13. 设奇函数 $f(x)$ 在 $(0,+\infty)$ 上为增函数，且 $f(\sqrt{3})=0$，则不等式 $x[f(x)-f(-x)]<0$ 的解集为(　　)

A. $(-\sqrt{3},0)\cup(\sqrt{3},+\infty)$　　B. $(-\sqrt{3},0)\cup(0,\sqrt{3})$

C. $(-\infty,-\sqrt{3})\cup(0,\sqrt{3})$　　D. $(-\infty,-\sqrt{3})\cup(\sqrt{3},+\infty)$

14. 将参加夏令营的 600 名学生编号为：001，002，…，600。采用系统抽样的方法抽取一个容量为 50 的样本，且随机抽得的号码为 003。这 600 名学生分住在三个营区，从 001 到 300 在第Ⅰ营区，从 301 到 495 在第Ⅱ营区，从 496 到 600 在第Ⅲ营区。三个营区被抽中的人数依次为(　　)

A. 25，17，8　　B. 25，16，9

C. 26，16，8　　D. 24，17，9

15. 行列式 $\begin{vmatrix}2&1&4&1\\3&-1&2&1\\1&2&3&2\\5&0&6&2\end{vmatrix}$ 的值为(　　)

A. 0　　B. 1

C. 2　　D. 3

二、填空题(本大题共 10 小题，每小题 3 分，共 30 分)

16. 设 $f(x)$ 是可导函数，且 $\lim\limits_{\Delta x\to 0}\dfrac{f(x_0+\Delta x)-f(x_0)}{3\Delta x}=2$，则 $f'(x_0)=$________。

17. 例如 $\dfrac{2}{5}=\dfrac{1}{3}+\dfrac{1}{15}$，可以这样理解：假定有两个面包，要平均分给 5 个人，如果每人分 $\dfrac{1}{2}$，不够，每人分 $\dfrac{1}{3}$，余 $\dfrac{1}{3}$，再将这 $\dfrac{1}{3}$ 分成 5 份，每人得 $\dfrac{1}{15}$，这样每人分得 $\dfrac{1}{3}+\dfrac{1}{15}$。形如 $\dfrac{2}{2n+1}(n\geqslant 2,n\in\mathbf{N}_+)$ 的分数的分解：$\dfrac{2}{5}=\dfrac{1}{3}+\dfrac{1}{15}$，$\dfrac{2}{7}=\dfrac{1}{4}+\dfrac{1}{28}$，$\dfrac{2}{9}=\dfrac{1}{5}+\dfrac{1}{45}$，按此规律，$\dfrac{2}{2n+1}=$________$(n\geqslant 2,n\in\mathbf{N}_+)$。

18. 已知 $\boldsymbol{a}=(\cos 22°,\sin 22°)$，$\boldsymbol{b}=(\cos 82°,\sin 82°)$，则 $\boldsymbol{a}+\boldsymbol{b}$ 与 $\boldsymbol{a}$ 的夹角为________。

19. 在某项测量中，测量结果 ξ 服从正态分布 $N(1,\sigma^2)(\sigma>0)$。若 ξ 在 $(0,1)$ 内取值的概率为 0.4，则 ξ 在 $(2,+\infty)$ 上取值的概率为________。

20. 若关于 x 的不等式 $x^2-2x+3>a^2-2a-1$ 对一切实数都成立，则实数 a 的取值范围为________。

21. 如图，函数 $y=ax-1$ 的图象过点 $(1,2)$，则不等式 $ax-1>2$ 的解集是________。

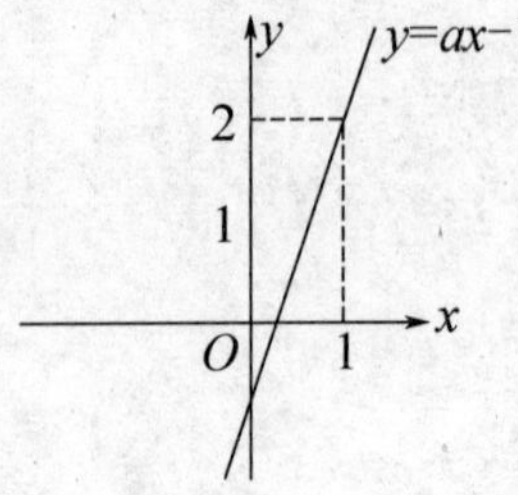

22. 若圆 $C:x^2+y^2+2x-4y+3=0$ 关于直线 $2ax+by+6=0$ 对称，则由点 (a,b) 向圆所作切线的长的最小值为________。

23. 如图，在一张矩形纸片 $ABCD$ 中，$AB=4$，$BC=8$。点 E,F 分别在 AD,BC 上，将纸片 $ABCD$ 沿直线 EF 折叠，点 C 落在 AD 上的一点 H 处，点 D 落在 G 处，有以下四个结论：①四边形 $CFHE$ 是菱形；②EC 平分 $\angle DCH$；③线段 BF 的取值范围为 $3\leqslant BF\leqslant 4$；④当点 H 与点 A 重合时，$EF=2\sqrt{5}$。以上结论中，你认为正确的有________个。

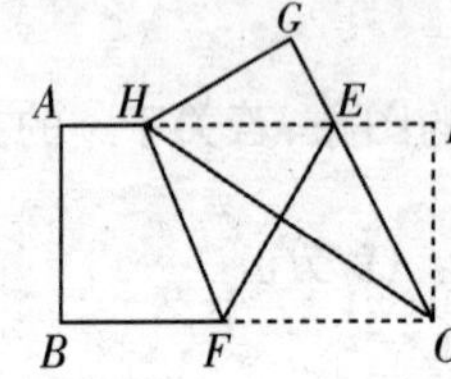

24. 如图，在菱形 $ABCD$ 中，对角线 AC,BD 交于点 O，$\angle ABC=60°$，$AB=2$，分别以点 A、点 C 为圆心，以 AO 的长为半径画弧分别与菱形的边相交，则图中阴影部分的面积为________。(结果保留 π)

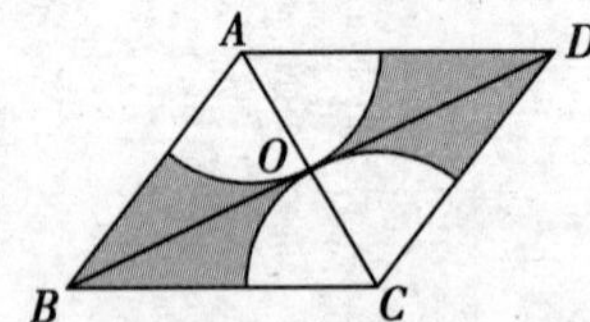

25. 有下列四个命题：①若 $z\in\mathbf{C}$，则 $z^2\geqslant 0$；②若 $a>b$，则 $a+\mathrm{i}>b+\mathrm{i}$；③若 $x,y\in\mathbf{R}$，则 $x+y\mathrm{i}=1+\mathrm{i}$ 的充要条件为 $x=y=1$；④若实数 a 与复数 $a\mathrm{i}$ 对应，则实数集与纯虚数集一一对应。其中正确命题的序号是________。

三、解答题(本大题共3小题,其中第26题5分,第27,28小题10分,共25分)

26. 分别用分析法、综合法证明如下命题。

命题:如图,$\triangle ABC$中,$\angle B$和$\angle C$的角平分线相交于点O,过点O作平行于底边BC的直线,交AB边于点D,交AC边于点E,则$DE=BD+EC$。

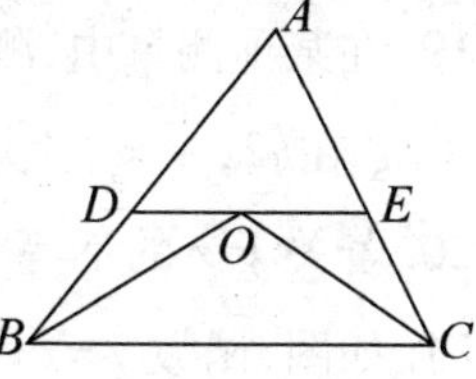

27. 已知函数$f(x)=\sqrt{3}\sin\omega x\cdot\cos\omega x+\cos^2\omega x-\frac{1}{2}(\omega>0)$,其最小正周期为$\frac{\pi}{2}$。

(1)求$f(x)$的表达式;(4分)

(2)将函数$f(x)$的图象向右平移$\frac{\pi}{8}$个单位长度后,再将得到的图象上各点的横坐标伸长到原来的2倍(纵坐标不变),得到函数$y=g(x)$的图象,若关于x的方程$g(x)+k=0$在区间$\left[0,\frac{\pi}{2}\right]$上有且只有一个实数解,求实数$k$的取值范围。(6分)

28. 数列$\{a_n\}$满足:$a_1+2a_2+\cdots+na_n=4-\frac{n+2}{2^{n-1}},n\in\mathbf{N}^*$。

(1)求a_3的值;(2分)

(2)求数列$\{a_n\}$的前n项和T_n;(3分)

(3)令$b_1=a_1,b_n=\frac{T_{n-1}}{n}+\left(1+\frac{1}{2}+\frac{1}{3}+\cdots+\frac{1}{n}\right)a_n(n\geqslant2)$,求证:数列$\{b_n\}$的前$n$项和$S_n$满足$S_n<2+2\ln n$。(5分)

教师招聘考试预测试卷(四)

中学数学

(时间:120 分钟　总分:100 分)

本套试卷共 26 小题,包括单项选择题(15 小题),填空题(5 小题),解答题(4 小题),案例分析题(1 小题),教学设计题(1 小题)。

一、单项选择题(本大题共 15 小题,每小题 2 分,共 30 分)

1. 设 i 为虚数单位,若复数 z 满足 $z\cdot\frac{(1+i)^2}{2}=1+2i$,则复数 z 的虚部为(　　)

A. -1　　B. $-i$　　C. -2　　D. $-2i$

2. 已知 $M=\{(x,y)\mid x^2+2y^2=3\}$,$N=\{(x,y)\mid y=mx+b\}$,若对所有 $m\in\mathbf{R}$,均有 $M\cap N\neq\varnothing$,则 b 的取值范围是(　　)

A. $\left(-\frac{2\sqrt{3}}{3},\frac{2\sqrt{3}}{3}\right)$　　B. $\left(-\frac{\sqrt{6}}{2},\frac{\sqrt{6}}{2}\right)$

C. $\left[-\frac{\sqrt{6}}{2},\frac{\sqrt{6}}{2}\right]$　　D. $\left[-\frac{2\sqrt{3}}{3},\frac{2\sqrt{3}}{3}\right]$

3. 已知关于 x 的不等式 $\frac{1}{a}x^2+bx+c<0(ab>1)$ 的解集为空集,则 $T=\frac{1}{2(ab-1)}+\frac{a(b+2c)}{ab-1}$ 的最小值为(　　)

A. $\sqrt{3}$　　B. 2　　C. $2\sqrt{3}$　　D. 4

4. 若 $\tan\alpha=2$,则 $\frac{\sin\alpha-\cos\alpha}{\sin\alpha+\cos\alpha}$ 的值为(　　)

A. $-\frac{1}{3}$　　B. $-\frac{5}{3}$　　C. $\frac{1}{3}$　　D. $\frac{5}{3}$

5. 已知 $f(x)$ 是定义在 $\mathbf{R}$ 上的奇函数,当 $x\geqslant0$ 时,$f(x)=3^x+m$(m 为常数),则 $f(-\log_3 5)=$(　　)

A. -6　　B. 6　　C. 4　　D. -4

6. 从甲、乙等 5 名志愿者中选 4 名,分别从事 A,B,C,D 四项工作,每人 1 项,若甲、乙均不能做 A,则不同的工作方案有(　　)种。

A. 60　　B. 72　　C. 84　　D. 96

7. 设圆 C 与圆 $x^2+(y-2)^2=1$ 外切,与直线 $y=-1$ 相切,则圆 C 的圆心轨迹为(　　)

A. 抛物线　　B. 双曲线　　C. 椭圆　　D. 圆

8. 如图,将半径为 2,圆心角为 120°的扇形 OAB 绕点 A 逆时针旋转 60°,点 O,B 的对应点分别为 O',B',连结 BB',则图中阴影部分的面积是(　　)

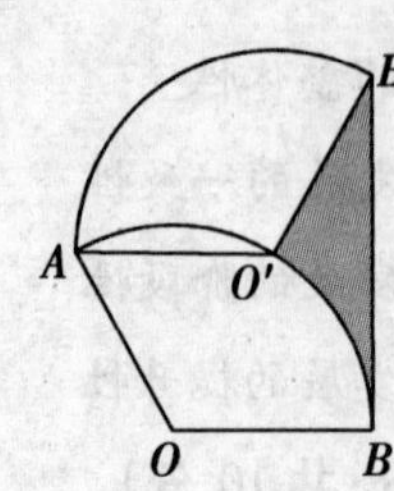

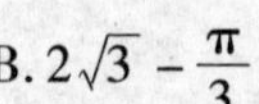

A. $\frac{2\pi}{3}$　　B. $2\sqrt{3}-\frac{\pi}{3}$

C. $2\sqrt{3}-\frac{2\pi}{3}$　　D. $4\sqrt{3}-\frac{2\pi}{3}$

9. 执行如图所示的程序框图,则输出的结果为(　　)

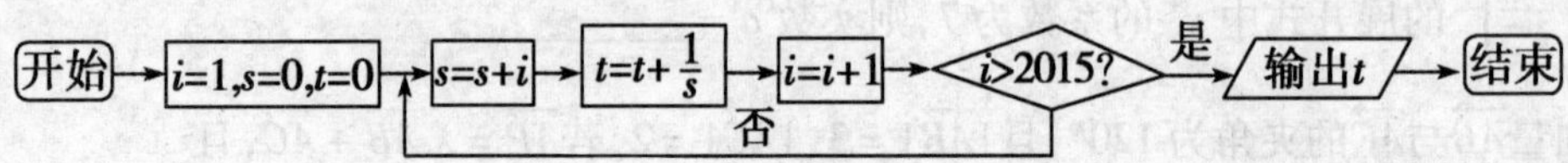

A. $\frac{4032}{2017}$　　B. $\frac{2015}{2016}$　　C. $\frac{2016}{2017}$　　D. $\frac{2015}{1008}$

10. 直线 $y=x+1$ 在矩阵 $\begin{pmatrix}1&0\\1&-2\end{pmatrix}$ 作用下变换得到的图形与 $x^2+y^2=1$ 的位置关系是(　　)

A. 相交　　B. 相离　　C. 相切　　D. 无法判定

11. 节日里某家门前的树上挂了两串彩灯,这两串彩灯的第一次闪亮相互独立,若通电后的 4 秒内任一时刻闪亮等可能发生,然后每串彩灯在 4 秒内间隔闪亮,那么这两串彩灯同时通电后它们第一次闪亮的时刻相差不超过 1 秒的概率是(　　)

A. $\frac{5}{16}$　　B. $\frac{9}{16}$　　C. $\frac{1}{4}$　　D. $\frac{7}{16}$

12. $\lim\limits_{x\to2\pi}\frac{\tan x-\sin x}{\sin^3 x}=$(　　)

A. 1　　B. $\frac{1}{2}$　　C. 0　　D. $\frac{2}{3}$

13. 设函数 $f(x)$ 满足 $x^2f'(x)+2xf(x)=\frac{e^x}{x}$,$f(2)=\frac{e^2}{8}$。则 $x>0$ 时,$f(x)$(　　)

A. 有极大值,无极小值　　B. 有极小值,无极大值

C. 既有极大值又有极小值　　D. 既无极大值也无极小值

14. 在(　　)教学模式中,教师不再是提供知识和正确答案的人,而是围绕某一主题启发学生进行思考,促进学生讨论的组织者。

A. 启发讨论式　　B. 问题解决式　　C. 探究式　　D. 讲授式

15. 在《义务教育数学课程标准》(2022 年版)的教材编写建议中,没有体现核心素养培养要求的是(　　)

A. 教材内容结构要着重关注核心素养的整体性

B. 教材内容组织要着重关注核心素养发展的一致性

C. 教材内容要求要着重关注核心素养发展的阶段性

D. 教材内容阐述要着重关注核心素养发展的提升性

二、填空题(本大题共 5 小题,每小题 2 分,共 10 分)

16. 函数 $f(x)=\begin{vmatrix} 2 & \cos x \\ \sin x & -1 \end{vmatrix}$ 的值域是________。

17. 曲线 $y=\frac{1}{x}+2x+2e^{2x}$,直线 $x=1$,$x=e$ 和 x 轴所围成的区域的面积是________。

18. 若 $\left(x+\frac{a}{\sqrt[3]{x}}\right)^8$ 的展开式中 x^4 的系数为 7,则实数 $a=$________。

19. 已知向量 $\overrightarrow{AB}$ 与 $\overrightarrow{AC}$ 的夹角为 120°,且 $|\overrightarrow{AB}|=3$,$|\overrightarrow{AC}|=2$,若 $\overrightarrow{AP}=\lambda\overrightarrow{AB}+\overrightarrow{AC}$,且 $\overrightarrow{AP}\perp\overrightarrow{BC}$,则实数 λ 的值为________。

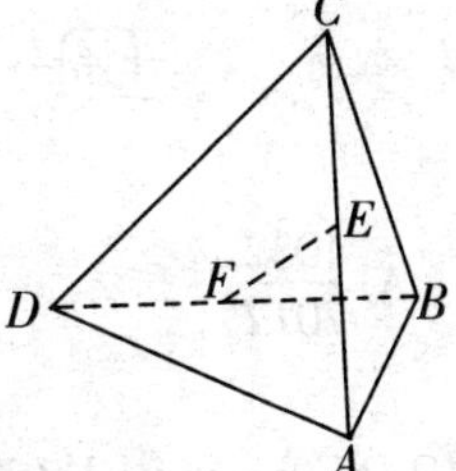

20. 如右图所示,在三棱锥 $C-ABD$ 中,E,F 分别是 AC 和 BD 的中点,若 $CD=2AB=4$,$EF\perp AB$,则 EF 与 CD 所成角的度数为________。

三、解答题(本大题共 4 小题,第 21 小题 8 分,第 22 ~ 24 小题每小题 10 分,共 38 分)

21. 设函数 $f(x)=\sin\left(\frac{\pi}{4}x-\frac{\pi}{6}\right)-2\cos^2\frac{\pi}{8}x+1$。

(1)求 $f(x)$ 的最小正周期;(3 分)

(2)若函数 $y=g(x)$ 与 $y=f(x)$ 的图象关于直线 $x=1$ 对称,求当 $x\in\left[0,\frac{4}{3}\right]$ 时,求 $y=g(x)$ 的最大值。(5 分)

22. 如图,过抛物线 $C:y^2=4x$ 上一点 $P(1,-2)$ 作倾斜角互补的两条直线,分别与抛物线交于点 $A(x_1,y_1)$,$B(x_2,y_2)$。

(1)求 y_1+y_2 的值;(4 分)

(2)若 $y_1\geqslant 0$,$y_2\geqslant 0$,求 $\triangle PAB$ 面积的最大值。(6 分)

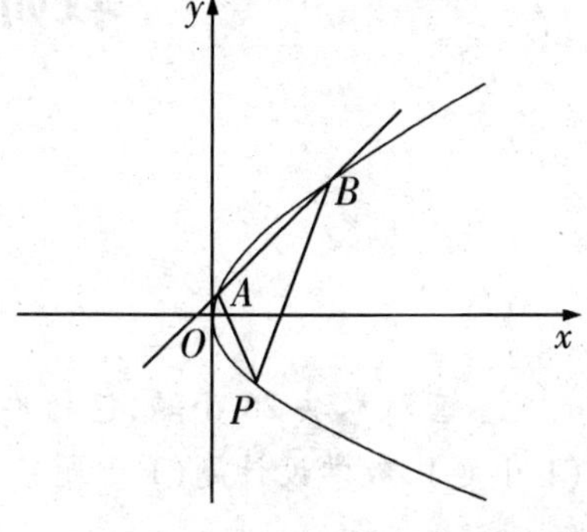

23. 如图,直三棱柱 $ABC-A_1B_1C_1$ 中,M 是 AB 的中点。

(1)证明:BC_1∥平面 MCA_1;(4 分)

(2)若 $AB=A_1M=2MC=2$,$BC=\sqrt{2}$,求点 C_1 到平面 MCA_1 的距离。(6 分)

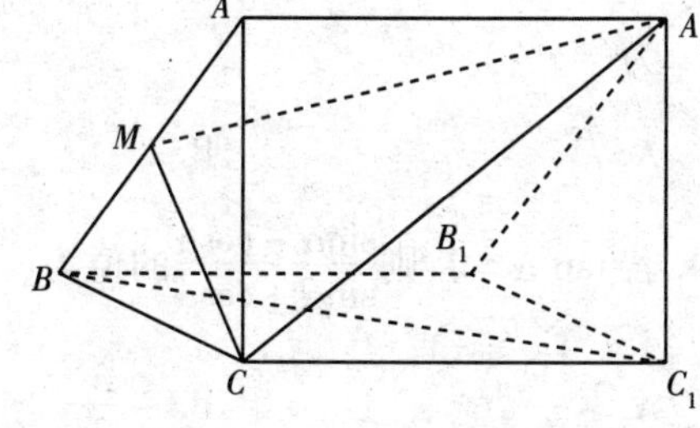

24. 已知函数$f(x)=x^2\ln x-a(x^2-1)$，$a\in\mathbf{R}$。

(1)当$a=-1$时，求曲线$f(x)$在点$(1,f(1))$处的切线方程；(5分)

(2)若当$x\geqslant1$时，$f(x)\geqslant0$恒成立，求a的取值范围。(5分)

四、案例分析题(本大题共10分)

25. 某教师在课堂上给学生们讲解了这样一道试题，设椭圆的中心是坐标原点，长轴在x轴上，离心率$e=\frac{\sqrt{3}}{2}$，已知点$P(0,2)$到这个椭圆上的点的最远距离是$\sqrt{7}$，求这个椭圆的方程。

教师板书过程如下：

依题意，设椭圆方程为$\frac{x^2}{a^2}+\frac{y^2}{b^2}=1(a>b>0)$，

则$e^2=\frac{c^2}{a^2}=\frac{a^2-b^2}{a^2}=1-\frac{b^2}{a^2}=\frac{3}{4}$，得$\frac{b^2}{a^2}=\frac{1}{4}$，即$a=2b$。

设椭圆上的点(x_0,y_0)到点P的距离为d，

则$d^2={x_0}^2+(y_0-2)^2=a^2\left(1-\frac{{y_0}^2}{b^2}\right)+y_0^2-4y_0+4=-3\left(y_0+\frac{2}{3}\right)^2+4b^2+\frac{16}{3}$，

所以当$y_0=-\frac{2}{3}$时，d^2有最大值，从而d也有最大值。

所以$4b^2+\frac{16}{3}=(\sqrt{7})^2$，由此解得$b^2=\frac{5}{12}$，$a^2=\frac{5}{3}$，

于是所求椭圆方程为$\frac{x^2}{\frac{5}{3}}+\frac{y^2}{\frac{5}{12}}=1$。

(1)你认为上述解答是否完整？若不完整，请进行补充；(4分)

(2)分析上述过程隐含的数学思想方法，并根据该思想方法写出本课的教学目标。(6分)

五、教学设计题(本大题共12分)

26. 请以“集合的概念(第一课时)”为课题，撰写一份教学设计简案。

要求：写出教学目标、教学重难点、教学过程。

教师招聘考试预测试卷(五)

中学数学

(时间:120 分钟　总分:100 分)

本套试卷共 25 小题,包括单项选择题(15 小题),填空题(5 小题),解答题(5 小题)。

一、单项选择题(本大题共 15 小题,每小题 2 分,共 30 分)

1. 设复数 z_1,z_2 在复平面内的对应点关于虚轴对称,$z_1=2+\mathrm{i}$,则 $z_1z_2=$(　　)

A. -5　　B. 5　　C. $-4+\mathrm{i}$　　D. $-4-\mathrm{i}$

2. 已知 $A=\{x\mid(x-a+1)(x-a)>0\}$,$B=\left\{x\left|\frac{1-x}{2+x}>0\right.\right\}$,若 B 是 A 的真子集,则 a 的取值范围为(　　)

A. $a\leqslant-2$　　B. $a\leqslant-2$ 或 $a\geqslant2$

C. $a\geqslant2$　　D. $-2\leqslant a\leqslant1$

3. 若 t 为实数,关于 x 的方程 $x^2-4x+t-2=0$ 的两个非负实数根为 a,b,则代数式 $(a^2-1)(b^2-1)$ 的最小值是(　　)

A. -15　　B. -16　　C. 15　　D. 16

4. 已知空间两不同直线 m,n,两不同平面 α,β,下列命题正确的是(　　)

A. 若 $m/\!/\alpha$ 且 $n/\!/\alpha$,则 $m/\!/n$　　B. 若 $m\perp\beta$ 且 $m\perp n$,则 $n/\!/\beta$

C. 若 $m\perp\alpha$ 且 $m/\!/\beta$,则 $\alpha\perp\beta$　　D. 若 m 不垂直于 α,且 $n\subset\alpha$,则 m 不垂直于 n

5. 在一次中学数学研讨会上,参加的教师中有 110 名初中教师、150 名高中教师,其性别比例如图所示,则参会教师中女教师的人数为(　　)

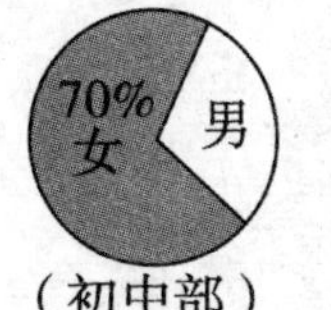

(初中部)　(高中部)

A. 167　　B. 137　　C. 123　　D. 93

6. 棱长为 1 的正方体 $ABCD-A_1B_1C_1D_1$ 被以 A 为球心,AB 为半径的球相截,则被截部分球体的表面积为(　　)

A. $\frac{5}{4}\pi$　　B. $\frac{7}{8}\pi$　　C. π　　D. $\frac{7}{4}\pi$

7. 如图,点 A 和点 B 是棱长为 1 的两个顶点,将正方体按图中所示展开,则右展开图中 A,B 两点间的距离为(　　)

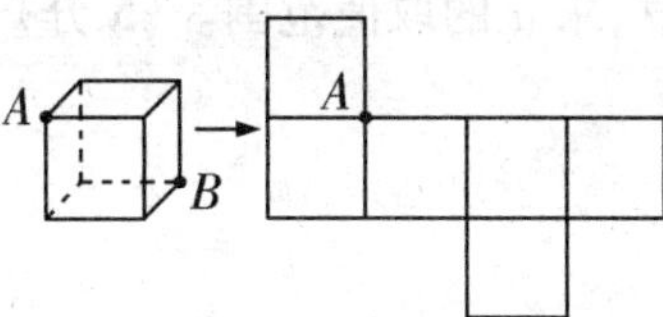

A. 2　　B. $\sqrt{5}$

C. $2\sqrt{2}$　　D. $\sqrt{10}$

8. 小李在批发市场的 A 商店里以 a 元/件买了 30 件衣服,又在 B 商店里以 b 元/件买了 20 件衣服,后来他以 $\frac{a+b}{2}$ 的价格将所有衣服卖出,发现赔了钱,其原因是(　　)

A. $a>b$　　B. $a<b$

C. $a=b$　　D. 与 a,b 的大小无关

9. 下列四个命题中正确的个数有(　　)

①命题:"设 $a,b\in\mathbf{R}$,若 $a+b\neq6$,则 $a\neq3$ 或 $b\neq3$"是一个假命题;

②若"p 或 q"为真命题,则 p,q 均为真命题;

③命题"$\forall a,b\in\mathbf{R},a^2+b^2\geqslant2(a-b-1)$"的否定是:"$\exists a,b\in\mathbf{R},a^2+b^2\leqslant2(a-b-1)$";

④若函数 $f(x)=\ln\left(a+\frac{2}{x+1}\right)$ 的图象关于原点对称,则 $a=3$。

A. 0 个　　B. 1 个　　C. 2 个　　D. 3 个

10. 曲线 $y=\mathrm{e}^{2x}+1$ 在点 $(0,2)$ 处的切线与直线 $y=0$ 和 $y=x$ 围成的三角形的面积为(　　)

A. $\frac{1}{3}$　　B. $\frac{1}{2}$　　C. $\frac{2}{3}$　　D. 1

11. 已知椭圆 E 的中心为坐标原点,离心率为 $\frac{1}{2}$,E 的右焦点与抛物线 $C:y^2=8x$ 的焦点重合,A,B 是 C 的准线与 E 的两个交点,则 $|AB|=$(　　)

A. 3　　B. 6　　C. 9　　D. 12

12. 如图,为了测得电视塔的高度 AB,在 D 处用高为 1 米的测角仪 CD 测得电视塔顶端 A 的仰角为 $30°$,再向电视塔的方向前进 100 米到达 F 处,又测得电视塔顶端 A 的仰角为 $60°$,则这个电视塔的高度 AB 为(　　)米。

A. $50\sqrt{3}$　　B. 51

C. $50\sqrt{3}+1$　　D. 101

13. 若 $P=\sqrt{a}+\sqrt{a+5}$，$Q=\sqrt{a+2}+\sqrt{a+3}$（$a\geqslant 0$），则 P,Q 的大小关系是（　　）

A. $P<Q$　　B. $P=Q$

C. $P>Q$　　D. 由 a 的取值确定

14. 直线 $y=4x$ 与曲线 $y=x^3$ 在第一象限围成的封闭图形的面积为 a，则 $\left(\frac{a}{x}-\sqrt{x}\right)^5$ 的展开式中，x 的系数为（　　）

A. 20　　B. −20　　C. 5　　D. −5

15. 如图，在平面直角坐标系上 $\triangle ABC\cong\triangle DEF$，且 $AB=BC=5$，若 A 点的坐标为 $(-3,1)$，B,C 两点在直线 $y=-3$ 上，D,E 两点在 y 轴上，则 F 到 y 轴的距离为（　　）

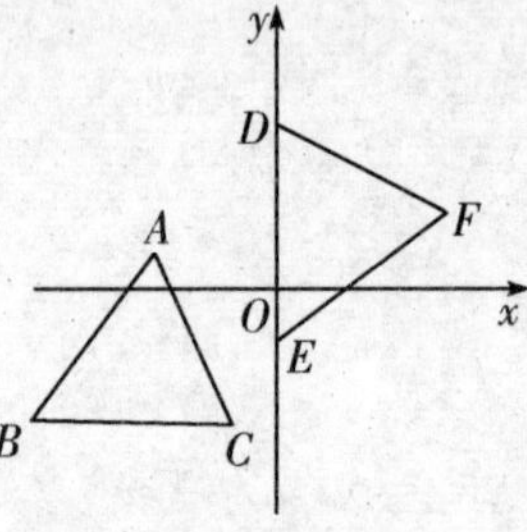

A. 2　　B. 3　　C. 4　　D. 5

二、填空题（本大题共 5 小题，每小题 4 分，共 20 分）

16. 如图所示，在 $\triangle ABC$ 中，设 $\overrightarrow{AB}=\boldsymbol{a}$，$\overrightarrow{AC}=\boldsymbol{b}$，$AP$ 的中点为 Q，BQ 的中点为 R，CR 的中点为 P，用 $\boldsymbol{a},\boldsymbol{b}$ 表示 $\overrightarrow{AP}=$________。

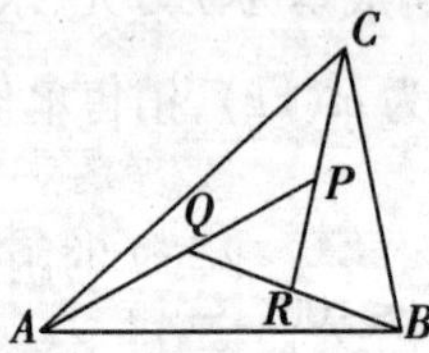

17. 甲组有 5 名男同学、3 名女同学，乙组有 6 名男同学、2 名女同学。若从甲、乙两组各选出 2 名同学，则选出的 4 人中恰有 1 名女同学的不同选法有________种。

18. 过抛物线 $y^2=4x$ 的焦点，倾斜角为 $45°$ 的直线方程为________。

19. 如图，在▱$ABCD$ 中，P 是对角线 BD 上的一点，过点 P 作 $EF\parallel AB$，与 AD 和 BC 分别交于点 E 和点 F，连结 AP，CP。已知 $AE=4$，$EP=2$，$\angle ABC=60°$，则阴影部分的面积是________。

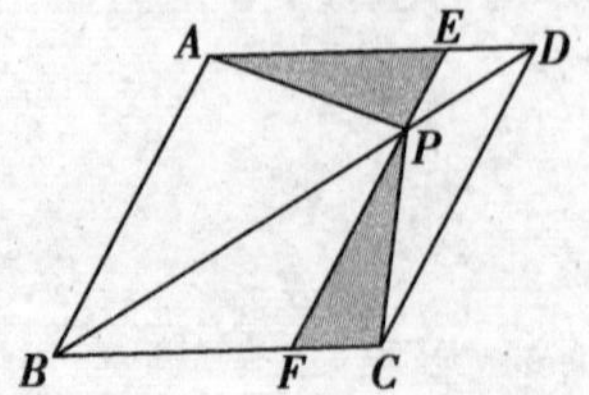

20. 已知 p：$\exists x\in\mathbf{R}$，$mx^2+1\leqslant 0$，q：$\forall x\in\mathbf{R}$，$x^2+mx+1>0$，若 $p\vee q$ 为假命题，则实数 m 的取值范围是________。

三、解答题（本大题共 5 小题，每小题 10 分，共 50 分）

21. 已知 $f(x)=\left(\frac{1}{a^x-1}+\frac{1}{2}\right)x^3$（$a>0$ 且 $a\neq 1$）。

(1) 讨论 $f(x)$ 的奇偶性；（5 分）

(2) 求 a 的取值范围，使 $f(x)>0$ 在定义域上恒成立。（5 分）

22. 如图,在平面直角坐标系中,矩形 $OABC$ 的两边分别在 x 轴和 y 轴上,$OA=10$ 厘米,$OC=6$ 厘米,现有两动点 P,Q 分别从 O,A 同时出发,点 P 在线段 OA 上沿 OA 方向做匀速运动,点 Q 在线段 AB 上沿 AB 方向做匀速运动,已知点 P 的运动速度为 1 厘米/秒,点 Q 的运动速度为 0.5 厘米/秒,运动时间为 t 秒。

(1)当$\triangle CPQ$ 的面积最小时,求点 Q 的坐标;(4 分)

(2)当$\triangle COP$ 和$\triangle PAQ$ 相似时,求点 Q 的坐标。(6 分)

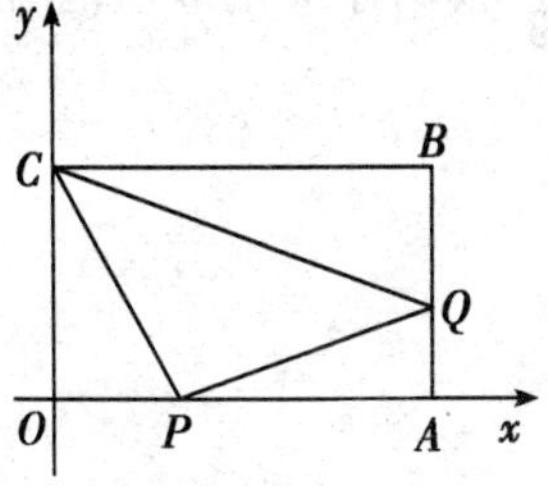

23. 如图,四棱锥 $P-ABCD$ 中,底面四边形 $ABCD$ 为菱形,$\angle DAB=\frac{\pi}{3}$,$\triangle ADP$ 为等边三角形。

(1)求证:$AD\perp PB$;(4 分)

(2)若 $AB=2,BP=\sqrt{6}$,求直线 PB 与平面 $ABCD$ 所成的角。(6 分)

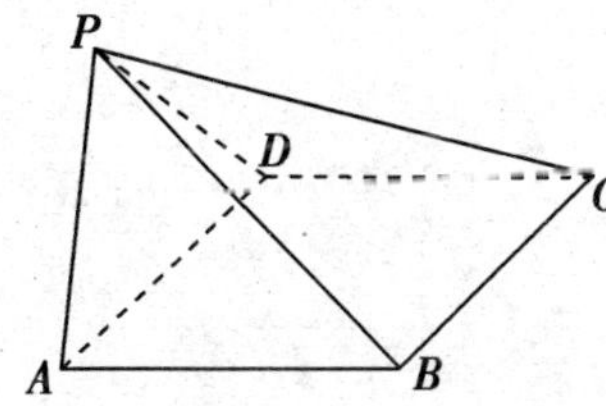

24. 如图,在平面直角坐标系 xOy 中,已知以 M 为圆心的圆 $M:x^2+y^2-12x-14y+60=0$ 及其上一点$A(2,4)$。

(1)设圆 N 与 x 轴相切,与圆 M 外切,且圆心 N 在直线 $x=6$ 上,求圆 N 的标准方程;(3 分)

(2)设平行于 OA 的直线 l 与圆 M 相交于 B,C 两点,且 $BC=OA$,求直线 l 的方程;(3 分)

(3)设点 $T(t,0)$ 满足:存在圆 M 上的两点 P 和 Q,使得$\overrightarrow{TA}+\overrightarrow{TP}=\overrightarrow{TQ}$,求实数 t 的取值范围。(4 分)

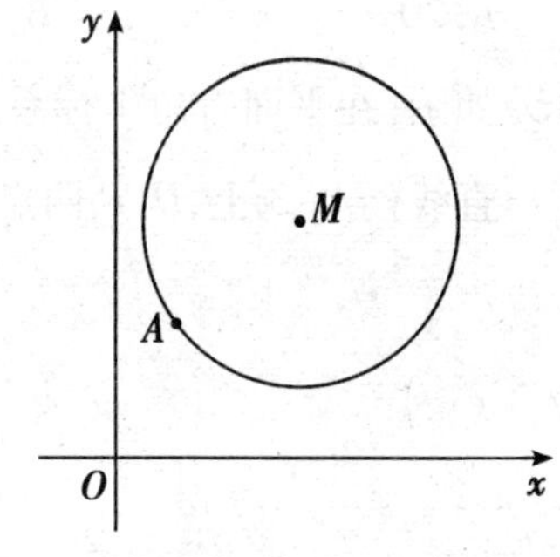

25. 湖州素有“鱼米之乡”之称,某水产养殖大户为了更好地发挥技术优势,一次性收购了20 000 kg淡水鱼,计划养殖一段时间后再出售。已知每天放养的费用相同,放养 10 天的总成本为 30.4 万元;放养 20 天的总成本为 30.8 万元(总成本 = 放养总费用 + 收购成本)。

(1)设每天的放养费用是 a 万元,收购成本为 b 万元,求 a 和 b 的值;(4 分)

(2)设这批淡水鱼放养 t 天后的质量为 m(kg),销售单价为 y 元/kg。根据以往经验可知:m 与 t 的函数关系为 $m=\begin{cases}20\ 000, 0\leqslant t\leqslant 50,\\100t+15\ 000, 50<t\leqslant 100,\end{cases}$ y 与 t 的函数关系如图所示。

①分别求出当 $0\leqslant t\leqslant 50$ 和 $50<t\leqslant 100$ 时,y 与 t 的函数关系式;(3 分)

②设将这批淡水鱼放养 t 天后一次性出售所得利润为 W 元,求当 t 为何值时,W 最大?并求出最大值。(3 分)

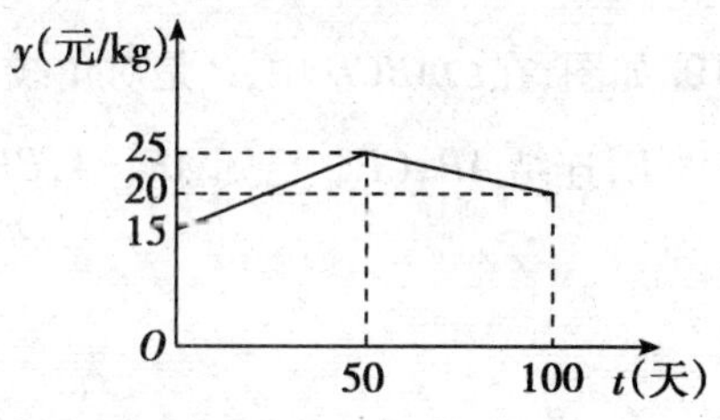

教师招聘考试预测试卷(六)

中学数学

(时间:150 分钟　总分:120 分)

本套试卷共 32 小题,包括判断题(5 小题),单项选择题(15 小题),填空题(5 小题),解答题(5 小题),案例分析题(1 小题),教学设计题(1 小题)。

一、判断题(要求判断所给的命题是否正确,正确的打"√",错误的打"×"。本大题共 5 小题,每小题 2 分,共 10 分)

1. 命题"对任意 $x\in\mathbf{R}$,都有 $x^2\geqslant\ln 2$"的否定为"存在 $x_0\in\mathbf{R}$,使得 $x_0{}^2<\ln2$"。　(　　)

2. 将函数 $y=2\sin\left(2x+\frac{\pi}{6}\right)$的图象向右平移$\frac{1}{4}$个周期后,所得图象对应的函数为 $y=2\sin\left(2x+\frac{\pi}{3}\right)$。　(　　)

3. 已知直线 $ax+by+c-1=0(b,c>0)$经过圆 $x^2+y^2-2y-5=0$ 的圆心,则$\frac{4}{b}+\frac{1}{c}$的最小值是 4。　(　　)

4. 复数 $z=\frac{\mathrm{i}}{1+\mathrm{i}}$在复平面上对应的点位于第二象限。　(　　)

5. 集合 P 具有性质"若 $x\in P$, $\frac{1}{x}\in P$",就称集合 P 是伙伴关系的集合,集合 $A=\left\{-1,0,\frac{1}{3},\frac{1}{2},1,2,3,4\right\}$的所有非空子集中具有伙伴关系的集合的个数为 7。　(　　)

二、单项选择题(本大题共 15 小题,每小题 2 分,共 30 分)

6. 设等比数列$\{a_n\}$的前 n 项和为 S_n,已知 $S_3=8,S_6=7$,则 $a_7+a_8+a_9=$(　　)

A. $\frac{1}{8}$　　B. $-\frac{1}{8}$　　C. $\frac{57}{8}$　　D. $\frac{55}{8}$

7. 一个正方体的展开图如图所示,B,C,D 为原正方体的顶点,A 为原正方体一条棱的中点。在原来的正方体中,CD 与 AB 所成角的余弦值为(　　)

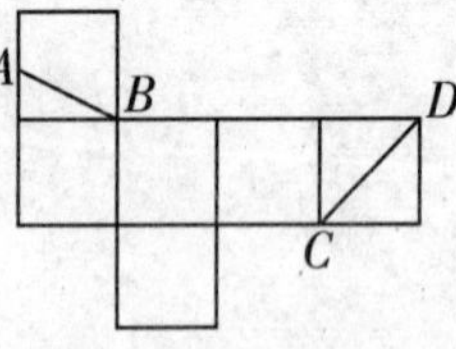

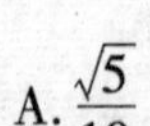

A. $\frac{\sqrt5}{10}$　　B. $\frac{\sqrt{10}}{5}$

C. $\frac{\sqrt5}{5}$　　D. $\frac{\sqrt{10}}{10}$

8. 设点 B 为 B_1关于$\overrightarrow{OA}$的对称点,若非零向量$\overrightarrow{OA}=\boldsymbol{a},\overrightarrow{OB}=\boldsymbol{b}$,则$\overrightarrow{OB_1}=$(　　)

A. $\frac{2(\boldsymbol{a}\cdot\boldsymbol{b})\boldsymbol{a}}{|\boldsymbol{a}|^2}-\boldsymbol{b}$　　B. $\frac{(\boldsymbol{a}\cdot\boldsymbol{b})\boldsymbol{a}}{|\boldsymbol{a}|^2}-\boldsymbol{b}$

C. $\frac{2(\boldsymbol{a}\cdot\boldsymbol{b})\boldsymbol{a}}{|\boldsymbol{a}|}-\boldsymbol{b}$　　D. $\frac{(\boldsymbol{a}\cdot\boldsymbol{b})\boldsymbol{a}}{|\boldsymbol{a}|}-\boldsymbol{b}$

9. 某学校拟派 2 名语文教师、3 名数学教师和 3 名英语教师共 8 人,组成两个支教分队,平均分到甲、乙两个村进行义务支教,其中每个分队都必须有语文教师、数学教师和英语教师,则不同的分配方案有(　　)

A. 18 种　　B. 24 种

C. 72 种　　D. 36 种

10. 在区间$[-1,1]$上随机取一个数 x,$\cos\frac{\pi}{2}x$ 的值介于 0 到$\frac{1}{2}$之间的概率为(　　)

A. $\frac{1}{3}$　　B. $\frac{2}{\pi}$　　C. $\frac{1}{2}$　　D. $\frac{2}{3}$

11. 已知$\lim\limits_{x\to\infty}\left(\frac{x+a}{x-a}\right)^x=9$,则 $a=$(　　)

A. 0　　B. 1

C. ln2　　D. ln3

12. 如图,半径为 2 的两个等圆$\odot O_1$与$\odot O_2$外切于点 P,过点 O_1作$\odot O_2$的两条切线,切点分别为 A,B,与$\odot O_1$分别交于 C,D,则$\overset{\frown}{APB}$与$\overset{\frown}{CPD}$的弧长之和为(　　)

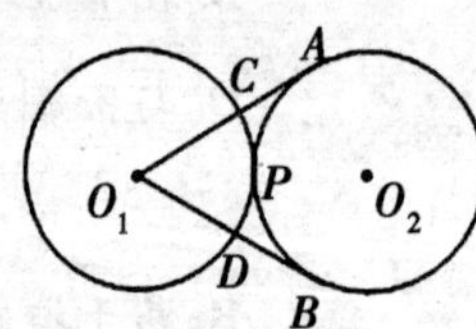

A. 2π　　B. $\frac{3}{2}\pi$　　C. π　　D. $\frac{\pi}{2}$

13. 若$\left(3x-\frac{1}{x}\right)^n$展开式中各项系数之和为 32,则该展开式中含 x^3的项的系数为(　　)

A. -5　　B. 5

C. -405　　D. 405

14. 过双曲线$\frac{x^2}{a^2}-\frac{y^2}{b^2}=1(a>0,b>0)$的右顶点 A 作斜率为 -1 的直线,该直线与双曲线的两条渐近线

的交点分别为点 B,C。若$\overrightarrow{AB}=\frac{1}{2}\overrightarrow{BC}$,则双曲线的离心率 e 为(　　)

A. $\sqrt{2}$　　B. $\sqrt{3}$　　C. $\sqrt{5}$　　D. $\sqrt{10}$

15. 如图是来自古希腊数学家希波克拉底所研究的几何图形。此图由三个半圆构成,三个半圆的直径分别为直角三角形 ABC 的斜边 BC,直角边 AB,AC,$\triangle ABC$ 的三边所围成的区域记为Ⅰ,黑色部分记为Ⅱ,其余部分记为Ⅲ。在整个图形中随机取一点,此点取自Ⅰ,Ⅱ,Ⅲ的概率分别记为 p_1,p_2,p_3,则(　　)

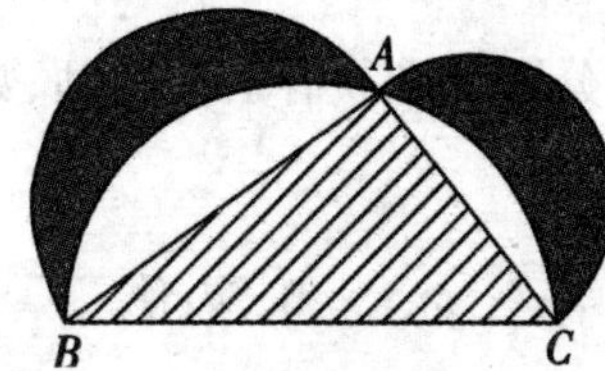

A. $p_1=p_2$　　B. $p_1=p_3$

C. $p_2=p_3$　　D. $p_1=p_2+p_3$

16. 若不等式组$\begin{cases}x+y-2\leqslant 0,\\x+2y-2\geqslant 0,\\x-y+2m\geqslant 0\end{cases}$表示的平面区域为三角形,且其面积等于$\frac{4}{3}$,则 m 的值为(　　)

A. -3　　B. 1

C. $\frac{4}{3}$　　D. 3

17. 设直线 L:$\begin{cases}x+3y+2z+1=0,\\2x-y-10z+3=0\end{cases}$及平面 π:$2x+6y+4z-1=0$,则直线 L(　　)

A. 平行于 π　　B. 在 π 上

C. 垂直于 π　　D. 与 π 斜交

18. 下列内容是讲授法的优点的是(　　)

A. 有利于培养学生的观察能力　　B. 易于控制课堂教学时间

C. 有利于培养学生的学习习惯　　D. 易于引起学生的学习兴趣

19. “负数”与“整数”这两个概念之间的关系属于(　　)

A. 同一关系　　B. 交叉关系

C. 属种关系　　D. 对立关系

20. 下列不属于数学学科核心素养的是(　　)

A. 数学抽象　　B. 直观想象

C. 思维能力　　D. 数据分析

三、填空题(本大题共5小题,每小题4分,共20分)

21. 观察下列等式:$1=1$,$2+3+4=9$,$3+4+5+6+7=25$,$4+5+6+7+8+9+10=49$,…,照此规律,第 n 个等式为________。

22. 已知函数 $y=x^3-4x+1$,其拐点为________。

23. 在直角坐标系 xOy 中,以原点 O 为极点,x 轴的正半轴为极轴建立极坐标系,已知射线 $\theta=\frac{\pi}{4}$与曲线$\begin{cases}x=t+1,\\y=(t-1)^2\end{cases}$($t$ 为参数)相交于 A,B 两点,则线段 AB 的中点的坐标为________。

24. 已知随机事件 A 和 B 互斥,且 $P(A\cup B)=0.7$,$P(B)=0.2$,则 $P(\bar{A})=$________。

25. 已知函数 $f(x)=2f'(1)\ln x-x$,则 $f(x)$ 在 $x=1$ 处的切线方程为________。

四、解答题(本大题共5小题,第26~28小题每小题6分,第29、30小题每小题7分,共32分)

26. 已知函数 $f(x)=4\sin^2\left(\frac{\pi}{4}+\frac{x}{2}\right)\cdot\sin x+(\cos x+\sin x)(\cos x-\sin x)-1$。

(1)常数 $\omega>0$,若函数 $y=f(\omega x)$ 在区间$\left[-\frac{\pi}{2},\frac{2\pi}{3}\right]$是增函数,求 ω 的取值范围;(3分)

(2)若函数 $g(x)=\frac{1}{2}\left[f(2x)+af(x)-af\left(\frac{\pi}{2}-x\right)-a\right]-1$ 在区间$\left[-\frac{\pi}{4},\frac{\pi}{2}\right]$内的最大值为2,求实数 a 的值。(3分)

27. 设椭圆$\frac{x^2}{a^2}+\frac{y^2}{b^2}=1(a>b>0)$的左、右顶点分别为$A$,$B$,点$P$在椭圆上且异于$A$,$B$两点,$O$为坐标原点。

(1)若直线AP与BP的斜率之积为$-\frac{1}{2}$,求椭圆的离心率;(3分)

(2)若$|AP|=|OA|$,证明:直线OP的斜率k满足$|k|>\sqrt{3}$。(3分)

28. 如图,四边形$ABCD$为$\odot O$的内接四边形,且对角线AC为直径,$AD=BC$,过点D作$DG\perp AC$,垂足为E,DG分别与AB及CB延长线交于点F,M。

(1) 求证:四边形$ABCD$是矩形;(2分)

(2) 若点G为MF的中点,求证:BG是$\odot O$的切线;(2分)

(3) 若$AD=4$,$CM=9$,求四边形$ABCD$的面积。(2分)

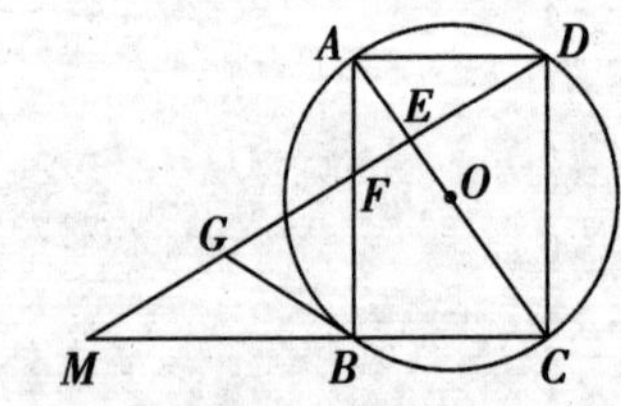

29. 设等差数列$\{a_n\}$的前n项和为S_n,且$S_4=4S_2$,$a_{2n}=2a_n+1$。

(1)求数列$\{a_n\}$的通项公式;(3分)

(2)设数列$\{b_n\}$的前n项和为T_n,且$T_n+\frac{a_n+1}{2^n}=\lambda$($\lambda$为常数)。令$c_n=b_{2n}(n\in\mathbf{N}_+)$,求数列$\{c_n\}$的前$n$项和$R_n$。(4分)

30. 已知函数$f(x)=e^x-ax^2$。

(1)若$a=1$,证明:当$x\geqslant0$时,$f(x)\geqslant1$;(3分)

(2)若$f(x)$在$(0,+\infty)$只有一个零点,求a。(4分)

五、案例分析题(本大题共12分)

31.“反比例函数的图象与性质”的教学片段。

老师请学生画一次函数 $y=2x-3$ 的图象。

学生1(走上讲台):取两点 $(1,-1)$,$\left(\frac{3}{2},0\right)$,然后画出一条直线。

老师(接着要求):画出反比例函数 $y=\frac{2}{x}$ 的图象。

学生2(自信地走上讲台):类似取两点 $(1,2)$,$(2,1)$,也画出了一条直线。

注:此时教室里出现了同学们的窃窃私语,有认为画得对,也有认为画得不对,有一部分学生傻傻地盯着老师看,想从他这里得到答案。

学生3(大胆地站起来对学生2道):从解析式上看 y 不能等于0,即 $y=\frac{2}{x}$ 与 x 轴不会有交点,你怎么有交点了?我想你可能错了。

老师(及时肯定学生3):能用函数解析式来分析问题,不简单啊!

学生4:若 $x>0$,从解析式上看,无论 x 取多大,函数值 y 均是一个正数,而从画出的图象看,此时有些函数值是负数,这不可能啊!

老师:有的同学不光会看解析式,并且还会看图象,考虑问题更全面了。

老师:函数 $y=2x-3$ 为什么只要找两点即可画出图象?

学生5:因为以前画一次函数图象前,找了好多点画在坐标系中,发现这些点都在一条直线上,所以得出一次函数的图象是一条直线,而两点可确定一条直线。

老师:好!讲得好!同学们应该知道下面怎么办了吧!

问题:

(1)分析上述教学片段,教学过程中师生的哪些行为值得肯定;(6分)

(2)分析上述教学过程中存在的问题,并进行改进。(6分)

六、教学设计题(本大题共16分)

32.教学内容:解一元一次方程的相关内容。

下面的框图表示了解这个方程的流程:

$$\boxed{\frac{3x+1}{2}-2=\frac{3x-2}{10}-\frac{2x+3}{5}}$$

↓

$$\boxed{5(3x+1)-10\times2=(3x-2)-2(2x+3)}$$

↓

$$\boxed{15x+5-20=3x-2-4x-6}$$

↓

$$\boxed{15x-3x+4x=-2-6-5+20}$$

↓

$$\boxed{16x=7}$$

↓

$$\boxed{x=\frac{7}{16}}$$

根据上述提供的教学内容,完成下列任务:

(1)提炼出“解一元一次方程”的一般步骤;(6分)

(2)类比法是教学中一种重要的教学方法,请你结合学生学习“一元一次方程”的经验,设计一个“解一元一次不等式”的教学片段。(10分)

教师招聘考试预测试卷(七)

中学数学

(时间:120 分钟　总分:100 分)

本套试卷共 25 小题,包括单项选择题(15 小题),填空题(5 小题),解答题(4 小题),案例分析题(1 小题)。

一、单项选择题(本大题共 15 小题,每小题 2 分,共 30 分)

1. 已知 $a<-b$,且 $\frac{a}{b}>0$,化简 $|a|-|b|+|a+b|+|ab|=$(　　)

A. $2a+2b+ab$　　B. $-ab$　　C. $-2a-2b+ab$　　D. $-2a+ab$

2. 如图所示,圆的周长为 4 个单位长度,在圆的 4 等分点处标上字母 A,B,C,D,先将圆周上的字母 A 对应的点与数轴的数字 1 所对应的点重合,若将圆沿着数轴向左滚动,那么数轴上的 -2010 所对应的点将与圆周上字母(　　)所对应的点重合。

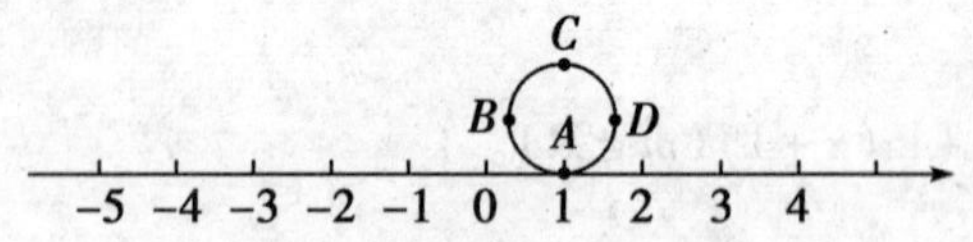

A. A　　B. B　　C. C　　D. D

3. 不等式组 $\begin{cases}3x-2>1,\\2-x\leqslant 0\end{cases}$ 的解集在数轴上表示为(　　)

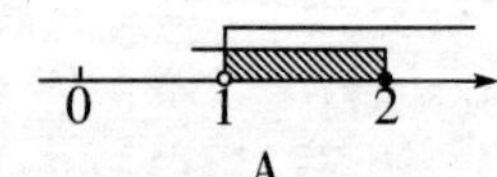

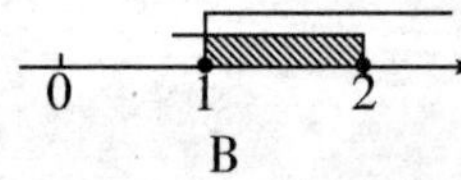

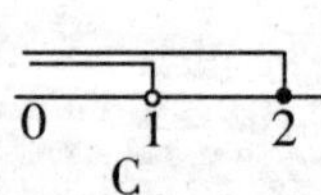

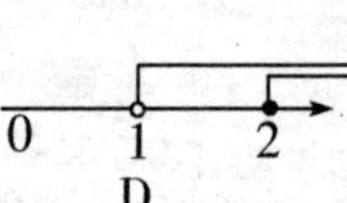

4. 二次函数 $y=ax^2+bx+c$ 的图象如图所示,下列结论正确的有(　　)

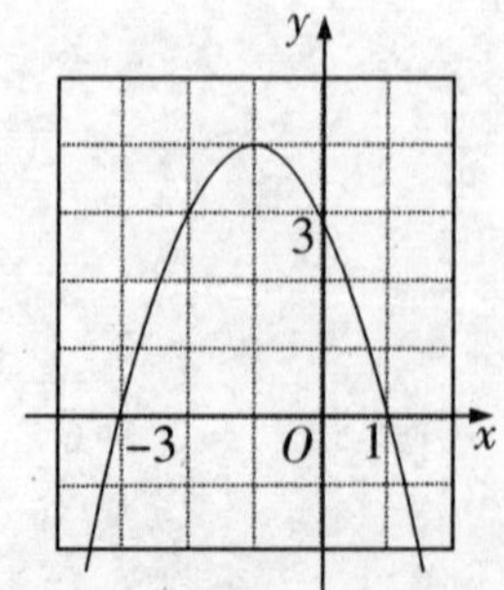

①二次三项式 ax^2+bx+c 的最大值为 4;②$4a+2b+c<0$;③一元二次方程 $ax^2+bx+c=1$ 的两根之和为 -2;④使 $y\leqslant 3$ 成立的 x 的取值范围是 $x\geqslant 0$。

A. 1 个　　B. 2 个　　C. 3 个　　D. 4 个

5. 下列说法:①要了解一批灯泡的使用寿命,应采用普查的方式;②若一个游戏的中奖率是 1%,则做 100 次这样的游戏一定会中奖;③甲、乙两组数据的样本容量与平均数分别相同,若方差 $S_甲^2=0.1$,$S_乙^2=0.2$,则甲组数据比乙组数据稳定;④"掷一枚硬币,正面朝上"是必然事件。其中正确的说法有(　　)个。

A. 1　　B. 2　　C. 3　　D. 4

6. 已知 $f(x)$ 是偶函数,且在 $[0,+\infty)$ 是减函数,若 $f(\lg x)<f(1)$,则 x 的取值范围是(　　)

A. $\left(\frac{1}{10},1\right)$　　B. $\left(0,\frac{1}{10}\right)\cup(10,+\infty)$

C. $\left(\frac{1}{10},10\right)$　　D. $(0,1)\cup(10,+\infty)$

7. 已知一个几何体的正视图、侧视图和俯视图均是直径为 10 的圆(如右图),这个几何体内接一个圆锥,圆锥的体积为 27π,则该圆锥的侧面积为(　　)

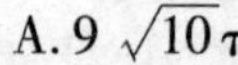

A. $9\sqrt{10}\pi$　　B. $12\sqrt{11}\pi$

C. $10\sqrt{17}\pi$　　D. $\frac{40\sqrt{3}}{3}\pi$

8. 若 $x=-2$ 是函数 $f(x)=(x^2+ax-1)e^{x-1}$ 的极值点,则 $f(x)$ 的极小值为(　　)

A. -1　　B. $-2e^{-3}$　　C. $5e^{-3}$　　D. 1

9. 已知 $\sqrt{2+\frac{2}{3}}=2\sqrt{\frac{2}{3}}$,$\sqrt{3+\frac{3}{8}}=3\sqrt{\frac{3}{8}}$,$\sqrt{4+\frac{4}{15}}=4\sqrt{\frac{4}{15}}$,$\sqrt{5+\frac{5}{24}}=5\sqrt{\frac{5}{24}}$,…,$\sqrt{10+\frac{a}{b}}=10\sqrt{\frac{a}{b}}$,则推测 $a+b=$(　　)

A. 109　　B. 1033　　C. 199　　D. 299

10. 设 α,β 是两个不同的平面,m 是直线且 $m\subset\alpha$,命题 p:"$m/\!/\beta$";命题 q:"$\alpha/\!/\beta$",则命题 p 是命题 q 的(　　)

A. 充分不必要条件　　B. 必要不充分条件

C. 充分必要条件　　D. 既不必要也不充分条件

11. 已知正四棱锥 $S-ABCD$ 的所有棱长都相等,E 是 SB 的中点,则 AE,SD 所成角的正弦值为(　　)

A. $\frac{1}{3}$　　B. $\frac{\sqrt{3}}{3}$　　C. $\frac{\sqrt{6}}{3}$　　D. $\frac{2}{3}$

12. 已知函数 $f(x)=|\lg x|$,若 $f(a)=f(b)$,且 $0<a<b$,则 $a+b$ 的取值范围是(　　)

A. $(2,+\infty)$　　B. $(4,+\infty)$　　C. $[2,+\infty)$　　D. $\mathbf{R}$

13. 下列命题不正确的是(　　)

A. 若$f(x)$是连续的奇函数，则$\int_{-a}^{a} f(x)\mathrm{d}x=0$

B. 若$f(x)$是连续的偶函数，则$\int_{-a}^{a} f(x)\mathrm{d}x=2\int_{0}^{a} f(x)\mathrm{d}x$

C. 若$f(x)$在$[a,b]$上连续且恒正，则$\int_{a}^{b} f(x)\mathrm{d}x>0$

D. 若$f(x)$在$[a,b)$上连续且$\int_{a}^{b} f(x)\mathrm{d}x>0$，则$f(x)$在$[a,b)$上恒正

14. 下列不属于中学数学教师选择和运用数学教学方法的基本依据的是(　　)

A. 课堂氛围　　B. 教学内容　　C. 教师的特点　　D. 学校的设备条件

15.《普通高中数学课程标准》(2017 年版 2020 年修订)指出，(　　)是指在明晰运算对象的基础上，依据运算法则解决数学问题的素养。

A. 数学抽象　　B. 逻辑推理　　C. 数学运算　　D. 数据分析

二、填空题(本大题共 5 小题，每小题 2 分，共 10 分)

16. 一组数据 -4，-1，0，2，8 的方差等于________。

17. 在平面直角坐标系 xOy 中，若曲线 $y=ax^2+\frac{b}{x}$(a,b 为常数)，过点 $P(2,-5)$，且该曲线在点 P 处的切线与直线 $7x+2y+3=0$ 平行，则 $a+b$ 的值是________。

18. 已知$\boldsymbol{e}_1$，$\boldsymbol{e}_2$是互相垂直的单位向量，若$\sqrt{3}\boldsymbol{e}_1-\boldsymbol{e}_2$与$\boldsymbol{e}_1+\lambda\boldsymbol{e}_2$的夹角为$60°$，则实数$\lambda$的值是________。

19. 当 $x\to0$ 时，$2\sin x-\sin 2x$ 与 x^k 是等价无穷小量，则 $k=$________。

20.《普通高中数学课程标准》(2017 年版 2020 年修订)在教学建议中指出：全面落实________要求，深入挖掘数学学科的育人价值，树立以发展学生数学学科核心素养为导向的教学意识，将________的培养贯穿于教学活动的全过程。

三、解答题(本大题共 4 小题，每小题 12 分，共 48 分)

21. 已知向量 $\boldsymbol{m}=(\sin x,\cos x)$，$\boldsymbol{n}=(\cos x,\cos x)$，$f(x)=\boldsymbol{m}\cdot\boldsymbol{n}$。

(1)求函数$f(x)$的最小正周期；(5 分)

(2)若$f(x)\geqslant1$，求 x 的取值范围。(7 分)

22. 已知 S_n 是数列$\{a_n\}$的前 n 项和，S_n 满足关系式 $2S_n=S_{n-1}-\left(\frac{1}{2}\right)^{n-1}+2$($n\geqslant2$，$n$ 为正整数)，$a_1=\frac{1}{2}$。

(1)令 $b_n=2^n a_n$，求证：数列$\{b_n\}$是等差数列，并求数列$\{a_n\}$的通项公式；(5 分)

(2)在(1)的条件下，求 S_n的取值范围。(7 分)

23. 设函数$f(x)=\frac{1}{2}mx^2-2x+\ln(x+1)$($m\in\mathbf{R}$)。

(1)判断 $x=1$ 能否为函数$f(x)$的极值点，并说明理由；(5 分)

(2)若存在 $m\in[-4,-1)$，使得定义在$[1,t]$上的函数 $g(x)=f(x)-\ln(x+1)+x^3$ 在 $x=1$ 处取得最大值，求实数 t 的最大值。(7 分)

24. 如图,已知 PA 与圆 O 相切于点 A,经过点 O 的割线 PBC 交圆 O 于点 B,C,$\angle APC$ 的角平分线分别交 AB,AC 于点 D,E。

(1)证明:$\angle ADE=\angle AED$;(6 分)

(2)若 $AC=AP$,求$\dfrac{PC}{PA}$的值。(6 分)

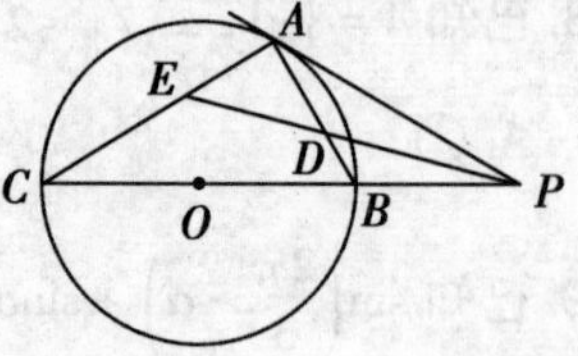

五、案例分析题(本大题共 12 分)

25. 以下是义务教育人教版七年级下册“平面直角坐标系”的部分教材内容,阅读并回答问题。

7.1.2 平面直角坐标系

图 7.1-2 是一条数轴,数轴上的点与实数是一一对应的. 数轴上每个点都对应一个实数,这个实数叫做这个点在数轴上的坐标. 例如,点 A 在数轴上的坐标为−4,点 B 在数轴上的坐标为 2. 反过来,知道数轴上一个点的坐标,这个点在数轴上的位置也就确定了. 例如,数轴上坐标为 5 的点是点 C.

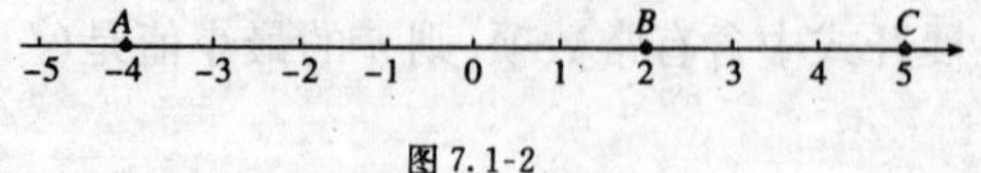

图 7.1-2

思考

类似于利用数轴确定直线上点的位置,能不能找到一种办法来确定平面内的点的位置呢(例如图 7.1-3 中 A,B,C,D 各点)?

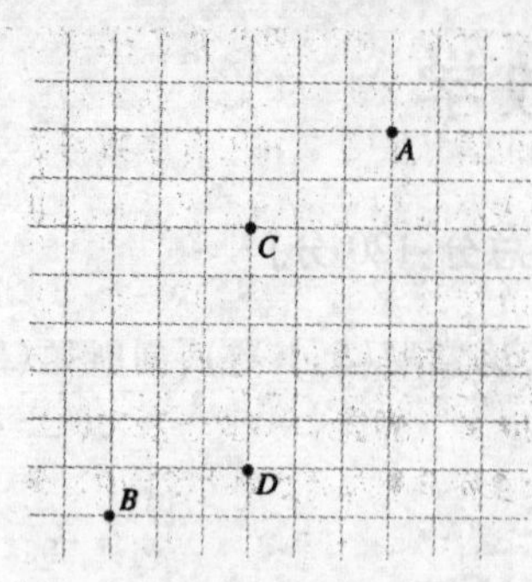

图 7.1-3

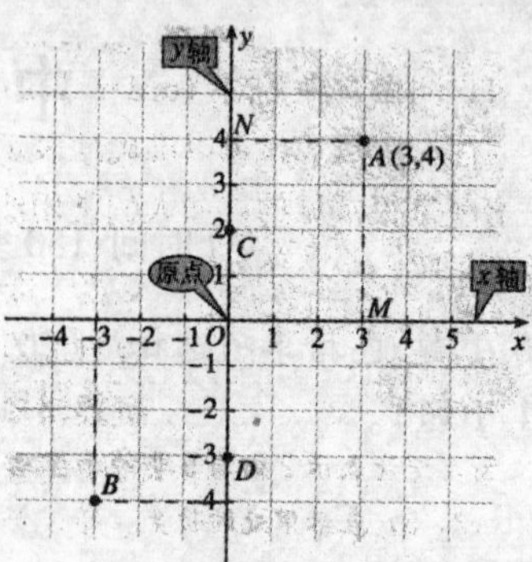

图 7.1-4

如图 7.1-4,我们可以在平面内画两条互相垂直、原点重合的数轴,组成平面直角坐标系(rectangular coordinate system). 水平的数轴称为 x 轴(x-axis)或横轴,习惯上取向右为正方向;竖直的数轴称为 y 轴(y-axis)或纵轴,取向上方向为正方向;两坐标轴的交点为平面直角坐标系的原点.

法国数学家笛卡儿(Descartes, 1596—1650),最早引入坐标系,用代数方法研究几何图形.

有了平面直角坐标系,平面内的点就可以用一个有序数对来表示了. 例如,如图 7.1-4,由点 A 分别向 x 轴和 y 轴作垂线,垂足 M 在 x 轴上的坐标是 3,垂足 N 在 y 轴上的坐标是 4,我们说点 A 的横坐标是 3,纵坐标是 4,有序数对(3,4)就叫做点 A 的坐标(coordinate),记作 A(3,4). 类似地,请你写出点 B,C,D 的坐标:B(__,__),C(__,__),D(__,__).

(1)试述以上材料的编写意图;(6 分)

(2)试述教材这样编写的理论依据。(6 分)

教师招聘考试预测试卷(八)

中学数学

(时间:150 分钟　总分:120 分)

本套试卷共 36 小题,包括单项选择题(20 小题),填空题(5 小题),判断题(5 小题),解答题(5 小题),教学设计题(1 小题)。

一、单项选择题(本大题共 20 小题,每小题 2 分,共 40 分)

1. 下列属于数学课程资源中生成性资源的是(　　)

A. 报纸杂志　　　　B. 学生作品

C. 数学软件　　　　D. 电视广播

2. 对教材的(　　),集中表现在:能根据所教班级学生的实际情况,选择贴切的教学素材和教学流程,准确地体现基本理念和课程内容规定的要求。

A. 预设　　B. 编排　　C. 再创造　　D. 利用

3.《普通高中数学课程标准》(2017 年版 2020 年修订)指出,高中数学课程内容突出函数、(　　)、概率与统计、数学建模活动与数学探究活动四条主线。

A. 数列　　　　B. 图形与几何

C. 几何与代数　　　　D. 空间与图形

4. 下列关于概念教学的说法不正确的是(　　)

A. 概念的内涵与外延这两方面是互相联系、互相制约的

B. 根据概念外延间的同异关系,概念间的关系分为全同关系和交叉关系

C. 数学概念的获得有两种方式,即概念形成与概念同化

D. 高中数学概念下定义的常见方式主要包括属加种差、揭示外延、描述性定义等方式

5. 数学教育既要使学生掌握现代生活和学习中所需要的数学知识与技能,更要发挥数学在培养人的思维能力和(　　)方面的不可替代的作用。

A. 计算能力　　　　B. 推理能力

C. 记忆能力　　　　D. 创新能力

6.《普通高中数学课程标准》(2017 年版 2020 年修订)指出,选修课程是由学校根据自身情况选择设置的

课程,供学生依据个人志趣自主选择,分为 A,B,C,D,E 五类,下列课程属于 A 类课程的是(　　)

A. 化学　　B. 物理　　C. 历史　　D. 机械

7. 若一个多边形除了一个内角外,其余各内角之和为 2570°, 则这个内角的度数为(　　)

A. 90°　　B. 105°　　C. 130°　　D. 120°

8. 已知 $A=\{x\mid y=\sqrt{x-2}\}$, $B=\{y\mid y=x^2-2\}$, 则 $A\cap B=$(　　)

A. $\varnothing$　　B. $[-2,2]$　　C. $[-2,+\infty)$　　D. $[2,+\infty)$

9. 已知 $\sin\left(\frac{2\pi}{3}-\alpha\right)+\sin\alpha=\frac{4\sqrt{3}}{5}$, 则 $\sin\left(\alpha+\frac{7\pi}{6}\right)=$(　　)

A. $-\frac{4}{5}$　　B. $-\frac{3}{5}$　　C. $-\frac{2}{5}$　　D. $-\frac{1}{5}$

10. 已知函数 $f(x)$ 是周期为 4 的偶函数, 当 $x\in[0,2]$ 时, $f(x)=x-1$, 则不等式 $xf(x)>0$ 在 $(-1,3)$ 上的解集为(　　)

A. $(1,3)$　　　　B. $(-1,1)$

C. $(-1,0)\cup(1,3)$　　　　D. $(-1,0)\cup(0,1)$

11. 由 1,2,3,4,5,6 组成没有重复数字且 1,3 都不与 5 相邻的六位偶数的个数是(　　)

A. 72　　B. 96　　C. 108　　D. 144

12. 一水池有两个进水口,一个出水口,每个水口的进、出水速度分别如图甲、乙所示。某天 0 点到 6 点,该水池的蓄水量如图丙所示。给出以下 3 个论断:

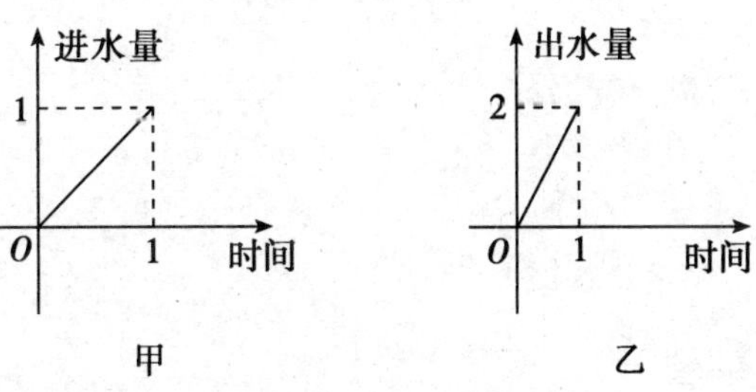

甲　　　　乙

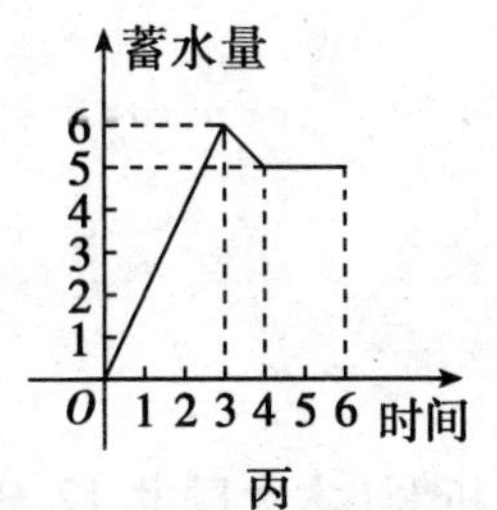

丙

① 0 点到 3 点只进水不出水;

② 3 点到 4 点只打开一个进水口和一个出水口;

③ 4 点到 6 点不进水不出水。

则正确论断的个数是(　　)

A. 0　　B. 1　　C. 2　　D. 3

13. 若 $\left(2x^2-\frac{1}{x^3}\right)^n(n\in\mathbf{N}_+)$ 展开式中含有常数项, 则 n 的最小值是(　　)

A. 4　　B. 5　　C. 9　　D. 10

14. 甲、乙两人在3次综合测评中的成绩由下边茎叶图表示，其中有一个数字无法看清，现用字母 a 代替，则甲的平均成绩超过乙的平均成绩的概率为(　　)

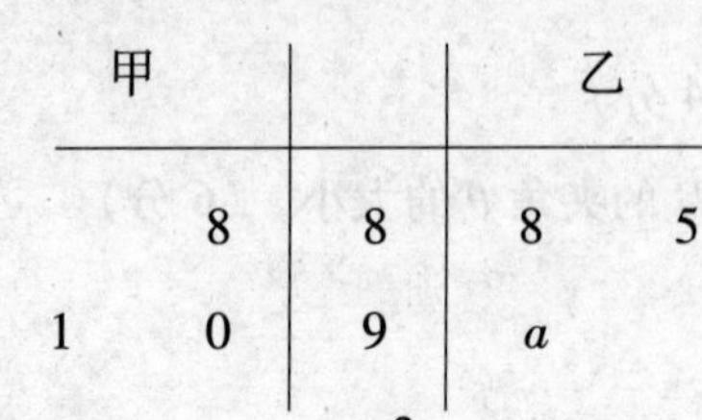

甲		乙
8	8	8　5
1　0	9	a

A. $\frac{2}{3}$　　B. $\frac{2}{5}$　　C. $\frac{3}{5}$　　D. $\frac{4}{5}$

15. 如图所示，在 $\triangle ABC$ 中，D 是 AC 的中点，E 是 BD 的中点，AE 交 BC 于点 F，则 $\frac{BF}{FC}$ 的值等于(　　)

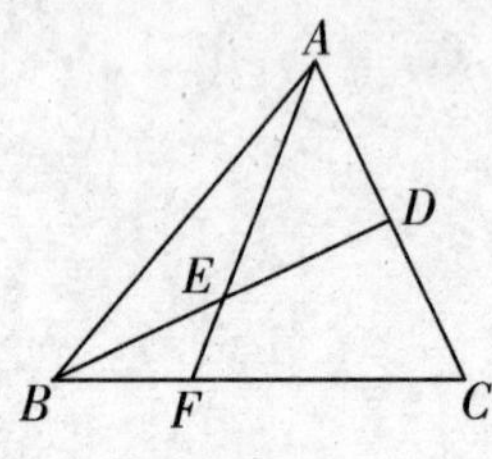

A. $\frac{1}{2}$　　B. $\frac{1}{3}$　　C. $\frac{1}{4}$　　D. $\frac{2}{5}$

16. 已知向量 $\boldsymbol{a},\boldsymbol{b}$ 满足：$|\boldsymbol{a}|=1,|\boldsymbol{b}|=2,|\boldsymbol{a}-\boldsymbol{b}|=2$，则 $|\boldsymbol{a}+\boldsymbol{b}|=$(　　)

A. 1　　B. $\sqrt{2}$　　C. $\sqrt{5}$　　D. $\sqrt{6}$

17. 已知函数 $f(x)$ 的反函数为 $g(x)=1+2\lg x(x>0)$，则 $f(1)+g(1)=$(　　)

A. 0　　B. 1　　C. 2　　D. 4

18. 如图为某几何体的三视图，则该几何体的表面积为(　　)

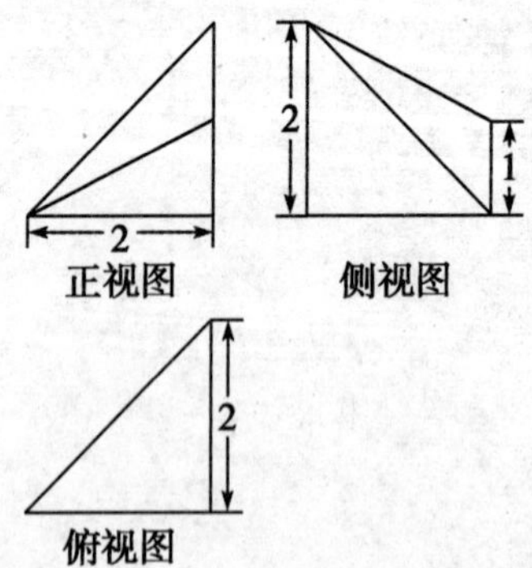

A. $10+\sqrt{5}$　　B. $10+\sqrt{2}$　　C. $6+2\sqrt{2}+\sqrt{6}$　　D. $6+\sqrt{2}+\sqrt{6}$

19. 设函数 $f(x)=ax^2+b(a\neq0)$，若 $\int_0^2 f(x)\mathrm{d}x=2f(x_0)$，$x_0>0$，则 $x_0=$(　　)

A. 2　　B. $\frac{\sqrt{3}}{2}$　　C. 1　　D. $\frac{2\sqrt{3}}{3}$

20. 已知双曲线 $C:\frac{x^2}{a^2}-\frac{y^2}{b^2}=1(a>0,b>0)$ 的一条渐近线方程为 $y=\frac{\sqrt{5}}{2}x$，且与椭圆 $\frac{x^2}{12}+\frac{y^2}{3}=1$ 有公共焦点，则 C 的方程为(　　)

A. $\frac{x^2}{8}-\frac{y^2}{10}=1$　　B. $\frac{x^2}{4}-\frac{y^2}{5}=1$　　C. $\frac{x^2}{5}-\frac{y^2}{4}=1$　　D. $\frac{x^2}{4}-\frac{y^2}{3}=1$

二、填空题(本大题共5小题，每小题2分，共10分)

21. 已知 $m\in\mathbf{N}_+,a,b\in\mathbf{R}$，若 $\lim\limits_{x\to0}\frac{(1+x)^m+a}{x}=b$，则 $ab=$________。

22. 计算 $\left(\frac{1}{\sqrt{2}+1}+\frac{1}{\sqrt{3}+\sqrt{2}}+\frac{1}{\sqrt{4}+\sqrt{3}}+\cdots+\frac{1}{\sqrt{2012}+\sqrt{2011}}\right)(\sqrt{2012}+1)=$________。

23. 若一个圆锥的侧面展开图是面积为 2π 的半圆面，则该圆锥的体积为________。

24. 有效的数学合作学习应该围绕教学的重点、难点进行，具有探索性、________、________的特征，并符合学生的最近发展区。

25.《义务教育数学课程标准》(2011年版)在教学建议中提出，积累数学活动经验、培养学生的________和________是数学课程的重要目标，应贯穿整个数学课程之中。

三、判断题(本大题共5小题，每小题2分，共10分)

26. 无穷小量是很小很小的数。(　　)

27. $x=0$ 是 $f(x)=x^3$ 的极值点。(　　)

28. 设 $\boldsymbol{A},\boldsymbol{B},\boldsymbol{C}$ 均为 n 阶矩阵，且 $\boldsymbol{AB}=\boldsymbol{AC}$，则 $\boldsymbol{B}=\boldsymbol{C}$。(　　)

29. 有向线段就是向量，向量就是有向线段。(　　)

30. 单调数列一定是收敛数列。(　　)

四、解答题(本大题共5小题，第31小题7分，第32小题8分，第33~35小题每小题10分，共45分)

31. 已知 $\triangle ABC$ 中，角 A,B,C 所对的边分别是 a,b,c，且 $2(a^2+b^2-c^2)=3ab$。

(1)求 $\sin^2\frac{A+B}{2}$；(3分)

(2)若 $c=2$，求 $\triangle ABC$ 面积的最大值。(4分)

32. 函数 $y=f(x)$ 在区间 $(0,+\infty)$ 内可导，导函数 $f'(x)$ 是减函数，且 $f'(x)>0$。设 $x_0\in(0,+\infty)$，$y=kx+m$ 是曲线 $y=f(x)$ 在点 $(x_0,f(x_0))$ 处的切线方程，并设函数 $g(x)=kx+m$。

(1)用 $x_0,f(x_0),f'(x_0)$ 表示 m；(3 分)

(2)求证：当 $x_0\in(0,+\infty)$ 时，$g(x)\geqslant f(x)$。(5 分)

33. 电信局为了配合客户的不同需要，设有 A、B 两种优惠方案，这两种方案的应付电话费(元)与通话时间(分钟)之间的关系如图所示(实线部分)。(注：$MN /\!/ CD$)

问：(1)若通话时间为 2 小时，按方案 A，B 应各付话费多少元？(3 分)

(2)方案 B 从 500 分钟以后，每分钟收费多少元？(3 分)

(3)通话时间在什么范围内，方案 B 才会比方案 A 优惠？(4 分)

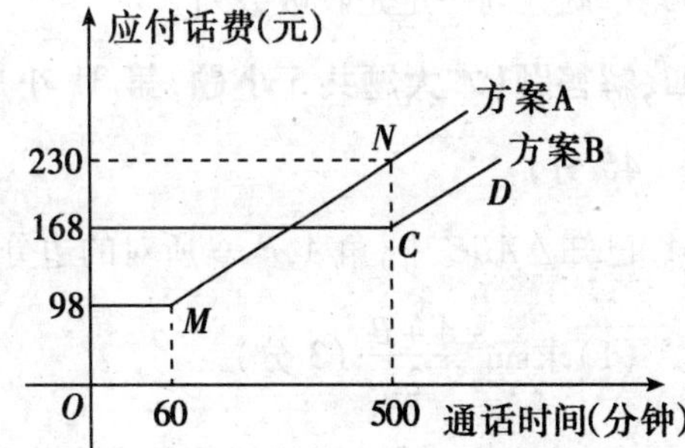

34. 如图，四棱柱 $ABCD-A_1B_1C_1D_1$ 的底面 $ABCD$ 是正方形，O 为底面中心，$A_1O\perp$ 平面 $ABCD$，$AB=AA_1=\sqrt{2}$。

(1)证明：$A_1C\perp$ 平面 BB_1D_1D；(4 分)

(2)求平面 OCB_1 与平面 BB_1D_1D 的夹角 θ 的大小。(6 分)

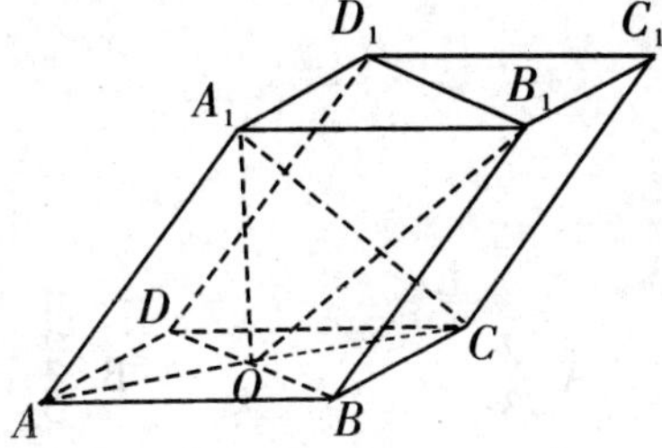

35. 若等边$\triangle ABC$的边长为$2\sqrt{3}$,平面内一点M满足$\overrightarrow{CM}=\frac{1}{6}\overrightarrow{CB}+\frac{2}{3}\overrightarrow{CA}$,求$\overrightarrow{MA}\cdot\overrightarrow{MB}$的值。

(1)利用直角坐标系思想、非坐标系思想分别求解;(4分)

(2)以此为例谈谈"一题多解"。(6分)

五、教学设计题(本大题共15分)

36. 下面是《普通高中数学课程标准》(2017年版2020年修订)给出的关于"正方体截面的探究"的教学案例,请你基于此设计一份关于"正方体截面探究"的教学设计,写出教学过程即可。

用一个平面截正方体,截面的形状将会是什么样的?启发学生提出逐渐深入的系列问题,引导学生进行逐渐深刻的思考。学生可以自主或在教师引导下提出一些问题,例如:

(1)给出截面图形的分类原则,找到截得这些截面形状的方法,画出这些截面的示意图。例如,可以按照截面图形的边数进行分类。(如图)

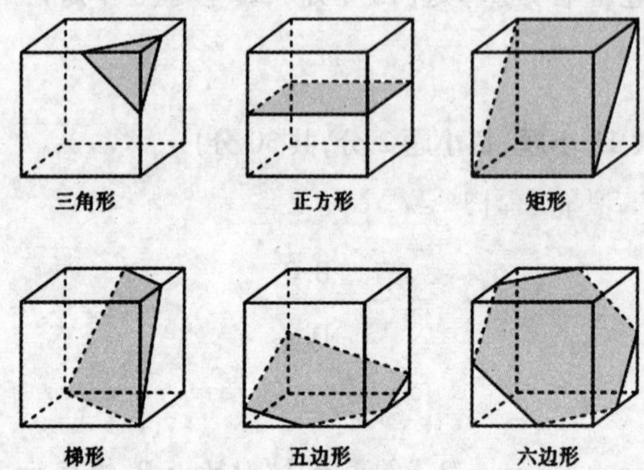

(2)如果截面是三角形,可以截出几类不同的三角形?为什么?

(3)如果截面是四边形,可以截出几类不同的四边形?为什么?

(4)还能截出哪些多边形?为什么?

然后进一步探讨:

(5)能否截出正五边形?为什么?

(6)能否截出直角三角形?为什么?

(7)有没有可能截出边数超过6的多边形?为什么?

(8)是否存在正六边形的截面?为什么?

最后思考:

(9)截面面积最大的三角形是什么形状的三角形?为什么?

这是一个跨度很大的数学问题串,可以针对不同学生,设计不同的教学方式,通过多种方法实施探究。

教师招聘考试预测试卷(九)

中学数学

(时间:150 分钟　总分:120 分)

本套试卷共 28 小题,包括单项选择题(15 小题),填空题(5 小题),解答题(6 小题),综合题(2 小题)。

一、单项选择题(本大题共 15 小题,每小题 2 分,共 30 分)

1. i 是虚数单位,计算 $i+i^2+i^3+\cdots+i^{2016}=$(　　)

A. i　　B. 0　　C. −1　　D. 1

2. 下列命题中正确的有(　　)

①命题"$\exists x_0\in\mathbf{R}$,使 $\sin x_0+\cos x_0=\sqrt{3}$"的否定是"对 $\forall x\in\mathbf{R}$,恒有 $\sin x+\cos x\neq\sqrt{3}$";

②"$a\neq1$ 或 $b\neq2$"是"$a+b\neq3$"的充要条件;

③若曲线 C 上的所有点的坐标都满足方程 $f(x,y)=0$,则称方程 $f(x,y)=0$ 是曲线 C 的方程;

④十进制数 66 化为二进制数是 $1\,000\,010_{(2)}$。

A. ①②③④　　B. ①④　　C. ②③　　D. ③④

3. 已知函数 $f(x)=A\cos(\omega x+\varphi)\left(\omega>0,|\varphi|<\frac{\pi}{2}\right)$的部分图象如图所示,其中 N,P 的坐标分别为 $\left(\frac{5\pi}{8},-A\right),\left(\frac{11\pi}{8},0\right)$,则函数 $f(x)$的单调递减区间不可能为(　　)

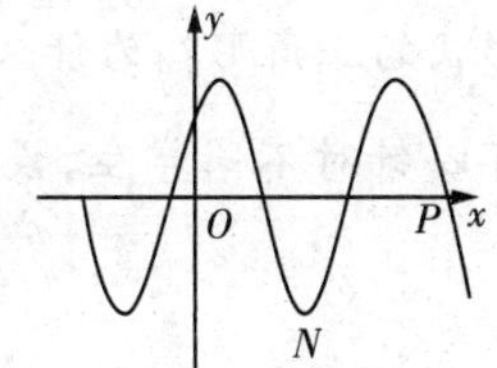

A. $\left[\frac{\pi}{8},\frac{5\pi}{8}\right]$　　B. $\left[-\frac{7\pi}{8},-\frac{3\pi}{8}\right]$

C. $\left[\frac{9\pi}{4},\frac{21\pi}{8}\right]$　　D. $\left[\frac{9\pi}{8},\frac{33\pi}{8}\right]$

4. 已知函数 $f(x)$ 在定义域 $[2-a,3]$ 上是偶函数,在 $[0,3]$ 上单调递增,并且 $f\left(-m^2-\frac{a}{5}\right)>f(-m^2+2m-2)$,则 m 的取值范围是(　　)

A. $(1-\sqrt{2},\sqrt{2}]$　　B. $[1-\sqrt{2},\sqrt{2}]$

C. $\left[\frac{1}{2},\sqrt{2}\right]$　　D. $\left(\frac{1}{2},\sqrt{2}\right]$

5. 已知△ABC 和点 M 满足 $\overrightarrow{MA}+\overrightarrow{MB}+\overrightarrow{MC}=\mathbf{0}$。若存在实数 m,使 $\overrightarrow{AB}+\overrightarrow{AC}=m\overrightarrow{AM}$ 成立,则 $m=$(　　)

A. 2　　B. 3　　C. 4　　D. 5

6. 将 4 个颜色互不相同的球全部放入编号为 1 和 2 的两个盒子里,使得放入每个盒子里的球的个数不小于该盒子的编号,则不同的放球方法有(　　)

A. 10 种　　B. 20 种　　C. 36 种　　D. 52 种

7. 设数列 $\{a_n\}(n\in\mathbf{N}_+)$ 是等差数列,下列结论中正确的是(　　)

A. 若 $a_1+a_2>0$,则 $a_2+a_3>0$　　B. 若 $a_1+a_3<0$,则 $a_1+a_2<0$

C. 若 $0<a_1<a_2$,则 $a_2>\sqrt{a_1a_3}$　　D. 若 $a_1<0$,则 $(a_2-a_1)(a_2-a_3)>0$

8. 若直线 $y=x-b$ 与曲线 $\begin{cases}x=2+\cos\theta,\\ y=\sin\theta\end{cases}$ $(\theta\in[0,2\pi))$ 有两个不同的公共点,则实数 b 的取值范围为(　　)

A. $\{b|2-\sqrt{2}<b<1\}$　　B. $\{b|2-\sqrt{2}\leqslant b\leqslant2+\sqrt{2}\}$

C. $\{b|b<2-\sqrt{2}$ 或 $b>2+\sqrt{2}\}$　　D. $\{b|2-\sqrt{2}<b<2+\sqrt{2}\}$

9. 设 $f(x)$ 的定义域为 $\mathbf{R}$,满足 $f(x+1)=2f(x)$,且当 $x\in(0,1]$ 时,$f(x)=x(x-1)$,若对任意 $x\in(-\infty,m]$,都有 $f(x)\geqslant-\frac{8}{9}$,则 m 的取值范围是(　　)

A. $\left(-\infty,\frac{9}{4}\right]$　　B. $\left(-\infty,\frac{7}{3}\right]$

C. $\left(-\infty,\frac{5}{2}\right]$　　D. $\left(-\infty,\frac{8}{3}\right]$

10. 函数 $f(x)=\begin{cases}x^2+2x,x\leqslant0,\\ \ln x,x>0,\end{cases}$ 则 $f\left(f\left(\frac{1}{e}\right)\right)=$(　　)

A. −1　　B. 1　　C. e　　D. $\frac{1}{e}$

11. 把一副直角三角板 ABC 与 ABD 摆放成如图所示的直二面角 $D-AB-C$,其中 $BD=2AD,BC=AC$,

则异面直线 DC 与 AB 所成角的正切值是(　　)

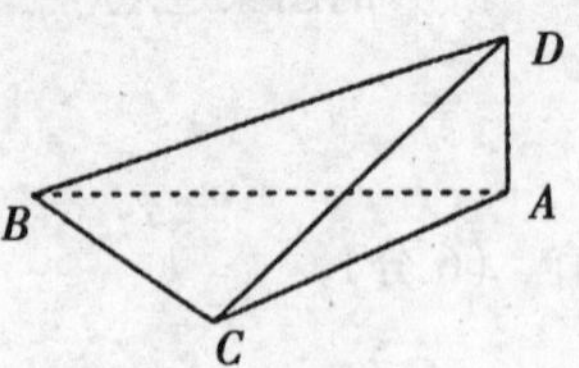

A. $\sqrt{3}$　　B. $\sqrt{7}$　　C. $\frac{\sqrt{21}}{7}$　　D. $\frac{\sqrt{21}}{3}$

12. 小明用石子在沙滩上摆出六边形来进行研究,如图所示,第一个图形需要6个小石子,第二个图形需要15个小石子,第三个图形需要28个小石子,…,则第六个图形需要小石子的个数是(　　)

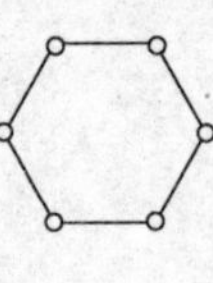

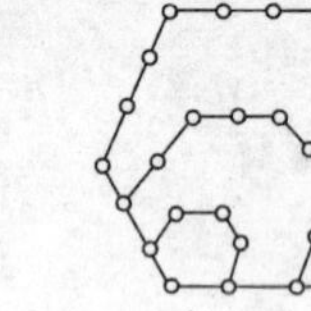

…

A. 81　　B. 85　　C. 89　　D. 91

13.《普通高中数学课程标准》(2017年版2020年修订)指出,数学运算是指在明晰运算对象的基础上,依据运算法则解决数学问题的素养。下列内容属于数学运算的是(　　)

A. 搜集数据　　B. 分析问题

C. 设计运算程序　　D. 构建模型

14. 下列选项中说法错误的是(　　)

A. 数学教育要发挥数学在培养人的感性思维和创新能力方面的不可替代的作用

B. 数学是对客观现象抽象概括而逐步形成的科学语言和工具

C. 数学素养是现代社会每一个公民应该具备的基本素养

D. 数学与计算机技术的结合在许多方面直接为社会创造价值,推动社会生产力的发展

15. 在数学教学活动中,教师要把基本理念转化为自己的(　　),处理好教师讲授与学生自主学习的关系,注重启发学生积极思考。

A. 本课内容　　B. 教学内容

C. 讨论内容　　D. 教学行为

二、填空题(本大题共5小题,每小题2分,共10分)

16. 已知 $\lambda=12$ 是 $\boldsymbol{A}=\begin{pmatrix}7 & 4 & -1\\ 4 & 7 & -1\\ -4 & -4 & a\end{pmatrix}$ 的特征值,则 $a=$ ________。

17. $\lim\limits_{n\to\infty}\left[\left(\sqrt[n]{n^2+1}-1\right)\cdot\sin\frac{n\pi}{2}\right]=$ ________。

18. 在△ABC 中,$\overrightarrow{AB}\cdot\overrightarrow{AC}=7$,$|\overrightarrow{AB}-\overrightarrow{AC}|=6$,则△$ABC$ 面积的最大值为________。

19. 设 x,y 均为正实数,且 $\frac{3}{2+x}+\frac{3}{2+y}=1$,则 xy 的最小值为________。

20.《普通高中数学课程标准》(2017年版2020年修订)指出:“高中数学课程是义务教育阶段后普通高级中学的主要课程,具有基础性、选择性和发展性。必修课程面向全体学生,________;________充分考虑学生的不同成长需求,提供多样性的课程供学生自主选择。”

三、解答题(本大题共6小题,第21、22小题每小题6分,第23小题7分,第24、26小题每小题10分,第25小题11分,共50分)

21. 已知 $a,b,c,d\in\mathbf{R}$,用分析法证明 $ac+bd\leqslant\sqrt{(a^2+b^2)(c^2+d^2)}$。

22. 某地为促进淡水鱼养殖业的发展，将价格控制在适当范围内，决定对淡水鱼养殖提供政府补贴。设淡水鱼的市场价格为 x 元/千克，政府补贴为 t 元/千克。根据市场调查，当 $8\leqslant x\leqslant 14$ 时，淡水鱼的市场日供应量 P 千克与市场需求量 Q 千克近似地满足关系：$P=1000(x+t-8)$，$Q=500\sqrt{40-(x-8)^2}$。当 $P=Q$ 时市场价格称为市场平衡价格。

(1)将市场平衡价格表示为政府补贴的函数，并求出函数的定义域；(3 分)

(2)为使市场平衡价格不高于每千克 10 元，政府补贴至少为每千克多少元？(3 分)

23. 甲袋和乙袋中都装有大小相同的红球和白球，已知甲袋中共有 m 个球，乙袋中共有 $2m$ 个球，从甲袋中摸出 1 个球为红球的概率为 $\frac{2}{5}$，从乙袋中摸出 1 个球为红球的概率为 P_2。

(1)若 $m=10$，求甲袋中红球的个数；(2 分)

(2)若将甲、乙两袋中的球装在一起后，从中摸出 1 个红球的概率是 $\frac{1}{3}$，求 P_2 的值；(2 分)

(3)设 $P_2=\frac{1}{5}$，若从甲、乙两袋中各自有放回地摸球，每次摸出 1 个球，并且从甲袋中摸 1 次，从乙袋中摸 2 次。设 ξ 表示摸出红球的总次数，求 ξ 的分布列和均值。(3 分)

24. 已知函数 $f(x)=\begin{cases}-x^3+x^2+bx+c, x<1,\\ a\ln x, x\geqslant 1\end{cases}$ 的图象过点 $(-1,2)$，且在 $x=\frac{2}{3}$ 处取得极值。

(1)求实数 b,c 的值；(4 分)

(2)求 $f(x)$ 在 $[-1,e]$ 上的最大值。(6 分)

25. 过双曲线 $x^2-\frac{y^2}{4}=1$ 的右支上的一点 P 作一直线 l 与两渐近线交于 A,B 两点，其中 P 是 AB 的中点。

(1)求双曲线的渐近线方程；(3 分)

(2)当 P 坐标为 $(x_0,2)$ 时，求直线 l 的方程；(4 分)

(3)求证：$|OA|\cdot|OB|$ 是一个定值。(4 分)

26. 已知数列$\{a_n\}$满足$a_n \neq 0, a_1 = \frac{1}{3}, a_n - a_{n+1} = 2a_n a_{n+1}, n \in \mathbf{N}_+$。

(1)求证:$\left\{\frac{1}{a_n}\right\}$是等差数列,并求出数列$\{a_n\}$的通项公式;(4分)

(2)若数列$\{b_n\}$满足$b_n = \frac{2^n}{a_n}$,求数列$\{b_n\}$的前n项和T_n。(6分)

四、综合题(本大题共2小题,第27小题12分,第28小题18分,共30分)

27. 下面是教学过程中的一些教学情境案例,请仔细阅读,并简要回答后面提出的问题。

案例一:上课伊始,教师首先播放神舟六号安全返回的画面,并提出问题:在茫茫草原中,科学家是怎样找到返回舱的?它的位置如何确定?从而引出课题"确定位置"。

案例二:教师在教指数内容时,为了让学生了解指数2^{24},教师引入教学情境:"某人听到一则谣言后1小时内传给2个人,此2人在1小时内每人又分别传给2个人,……如此下去,一昼夜能传遍一个千万人口的城市吗?"

案例三:教师在教指数相关内容时,引入了"登月天梯":"我们班有43名同学,每名同学都有一张相同规格的纸,如果学号是1的同学将纸对折1次,学号是2的同学将纸对折2次,以此类推,学号是43的同学将纸对折43次。将所有折好的纸叠加,粘成一个'长梯',我们能否用它登上月球?"

问题:

(1)你认为数学教学中创设情境的目的和作用是什么?(4分)

(2)你认为数学教学中情境创设的原则是什么?(3分)

(3)结合案例三,简要说明数学教学中情境创设应避免出现的问题。(5分)

28. 阅读下列材料回答问题。

思考

类似于利用数轴确定直线上点的位置，能不能找到一种办法来确定平面内的点的位置呢（例如图 7.1-3 中 A，B，C，D 各点）？

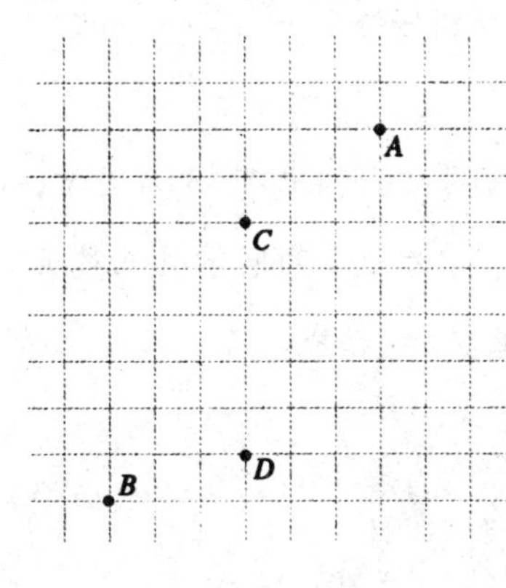

图 7.1-3

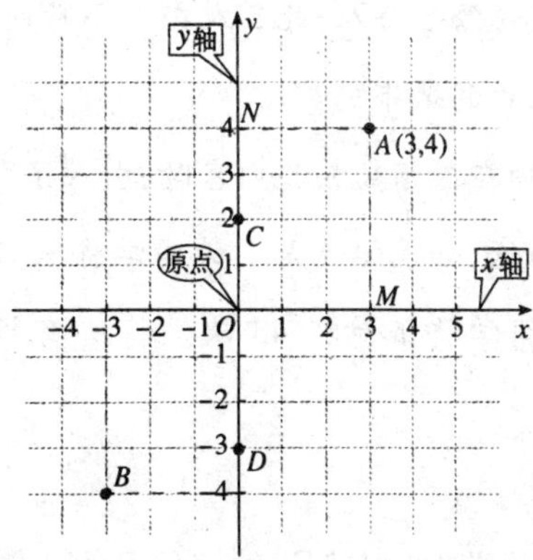

图 7.1-4

如图 7.1-4，我们可以在平面内画两条互相垂直、原点重合的数轴，组成平面直角坐标系(rectangular coordinate system)．水平的数轴称为 x 轴（x-axis）或横轴，习惯上取向右为正方向；竖直的数轴称为 y 轴（y-axis）或纵轴，取向上方向为正方向；两坐标轴的交点为平面直角坐标系的原点．

法国数学家笛卡儿(Descartes，1596—1650)，最早引入坐标系，用代数方法研究几何图形．

有了平面直角坐标系，平面内的点就可以用一个有序数对来表示了．例如，如图 7.1-4，由点 A 分别向 x 轴和 y 轴作垂线，垂足 M 在 x 轴上的坐标是 3，垂足 N 在 y 轴上的坐标是 4，我们说点 A 的横坐标是 3，纵坐标是 4，有序数对（3，4）就叫做点 A 的坐标(coordinate)，记作 $A(3，4)$．类似地，请你写出点 B，C，D 的坐标：B(__，__)，C(__，__)，D(__，__)．

思考

原点 O 的坐标是什么？x 轴和 y 轴上的点的坐标有什么特点？

可以看出，原点 O 的坐标为（0，0）；x 轴上的点的纵坐标为 0，例如(1，0)，(−1，0)，…；y 轴上的点的横坐标为 0，例如（0，1)，(0，−1)，…．

建立了平面直角坐标系以后，坐标平面就被两条坐标轴分成Ⅰ，Ⅱ，Ⅲ，Ⅳ四个部分（图 7.1-5)，每个部分称为象限（quadrant)，分别叫做第一象限、第二象限、第三象限和第四象限．坐标轴上的点不属于任何象限．

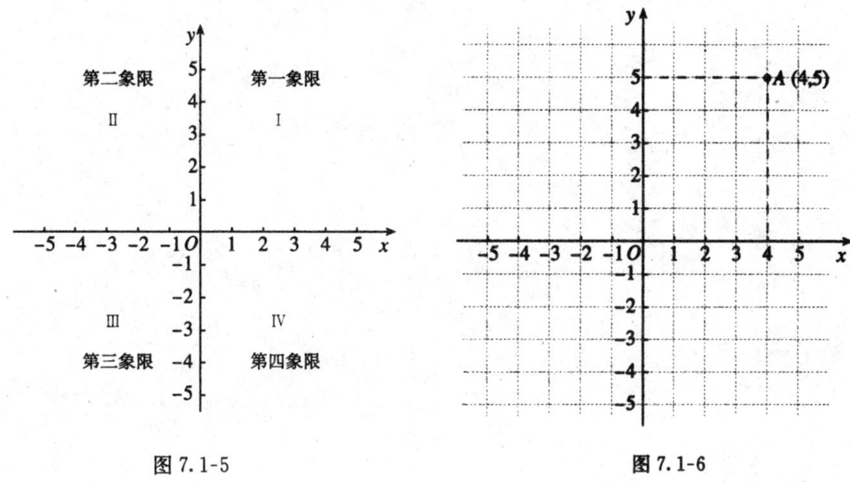

图 7.1-5　　图 7.1-6

问题：

(1)根据材料，请写出本节课的教学目标；(6 分)

(2)依据材料，写出本节内容的教学设计。(12 分)

教师招聘考试预测试卷(十)

中学数学

(时间:150 分钟　总分:120 分)

本套试卷共 27 小题,包括单项选择题(15 小题),填空题(5 小题),解答题(5 小题),综合题(2 小题)。

一、单项选择题(本大题共 15 小题,每小题 2 分,共 30 分)

1. 已知全集 $U=\{x\in\mathbf{R}|x<0\}$,$M=\left\{x\left|\frac{1}{x}>-1\right.\right\}$,$N=\left\{x\left|\frac{1}{8}<2^x<1\right.\right\}$,则图中阴影部分表示的集合是(　　)

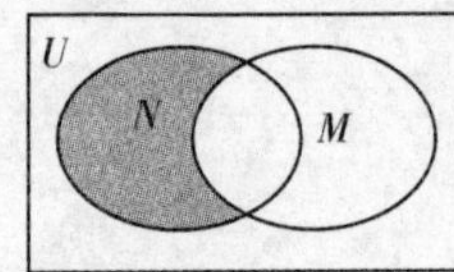

A. $\{x|-3<x<-1\}$　　B. $\{x|-3<x<0\}$
C. $\{x|-1\leqslant x<0\}$　　D. $\{x|-1<x<0\}$

2. 已知函数 $f(x)=\begin{cases}(a-2)x,x\geqslant 2,\\ \left(\frac{1}{2}\right)^x-1,x<2\end{cases}$ 满足对任意的实数 $x_1\neq x_2$,都有 $\frac{f(x_1)-f(x_2)}{x_1-x_2}<0$ 成立,则实数 a 的取值范围为(　　)

A. $(-\infty,2)$　　B. $\left(-\infty,\frac{13}{8}\right]$
C. $(-\infty,2]$　　D. $\left[\frac{13}{8},2\right)$

3. 将正方形 $ABCD$ 绕点 A 按逆时针方向旋转 30°,得到正方形 $AB_1C_1D_1$,B_1C_1 交 CD 于点 E,$AB=\sqrt{3}$,则四边形 AB_1ED 的内切圆半径为(　　)

A. $\frac{\sqrt{3}+1}{2}$　　B. $\frac{3-\sqrt{3}}{2}$　　C. $\frac{\sqrt{3}+1}{3}$　　D. $\frac{3-\sqrt{3}}{3}$

4. 设集合 A 到 B 的映射为 $f_1:x\to y=2x+1$,集合 B 到 C 的映射为 $f_2:y\to z=y^2-1$,则集合 C 中的元素 0 在 A 中的原象是(　　)

A. 0　　B. -1
C. 0 或 -1　　D. 0 或 1

5. 某届世界杯的小组比赛规则:四个球队进行单循环比赛(每两队赛一场),胜一场得 3 分,平一场得 1 分,负一场得 0 分。某小组比赛结束后,甲、乙、丙、丁四队分别获得第一、二、三、四名,且总得分恰好是四个连续奇数,则与乙打平的球队是(　　)

A. 甲　　B. 甲与丁　　C. 丙　　D. 丙与丁

6. 已知二项式 $\left(2x-\frac{1}{\sqrt{x}}\right)^n(n\in\mathbf{N}_+)$ 的展开式中第 2 项与第 3 项的二项式系数之比是 2∶5,则 x^3 的系数为(　　)

A. 14　　B. -14　　C. 240　　D. -240

7. 如图,正方形 $ABCD$ 内接于⊙O,⊙O 的半径为 2,以点 A 为圆心,以 AC 长为半径画弧,交 AB 的延长线于点 E,交 AD 的延长线于点 F,则图中阴影部分的面积是(　　)

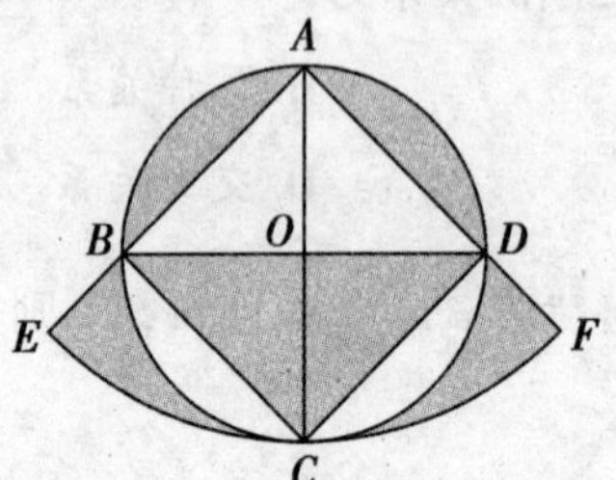

A. $4\pi-4$　　B. $4\pi-8$
C. $8\pi-4$　　D. $8\pi-8$

8. 函数 $y=\sqrt{x}\ln(1-x)$ 的定义域是(　　)

A. $(0,1)$　　B. $[0,1)$　　C. $(0,1]$　　D. $[0,1]$

9. 已知向量 $\boldsymbol{a}\neq\boldsymbol{e}$,$|\boldsymbol{e}|=1$,对任意 $t\in\mathbf{R}$,恒有 $|\boldsymbol{a}-t\boldsymbol{e}|\geqslant|\boldsymbol{a}-\boldsymbol{e}|$,则(　　)

A. $\boldsymbol{a}\perp\boldsymbol{e}$　　B. $\boldsymbol{a}\perp(\boldsymbol{a}-\boldsymbol{e})$
C. $\boldsymbol{e}\perp(\boldsymbol{a}-\boldsymbol{e})$　　D. $(\boldsymbol{a}+\boldsymbol{e})\perp(\boldsymbol{a}-\boldsymbol{e})$

10. 设直线 $l:\begin{cases}x=1+\frac{1}{2}t,\\ y=\frac{\sqrt{3}}{2}t\end{cases}$($t$ 为参数),曲线 $C:\begin{cases}x=\cos\theta,\\ y=\sin\theta\end{cases}$($\theta$ 为参数),直线 l 与曲线 C 交于 A,B 两点,则 $|AB|=$(　　)

A. 2　　B. 1　　C. $\frac{1}{2}$　　D. $\frac{1}{3}$

11. 定义域为 $\mathbf{R}$ 的奇函数 $f(x)$,当 $x\in(-\infty,0)$ 时,$f(x)+xf'(x)<0$ 恒成立,若 $a=3f(3)$,$b=f(1)$,$c=-2f(-2)$,则(　　)

A. $a>b>c$　　B. $c>b>a$
C. $c>a>b$　　D. $a>c>b$

12. 已知双曲线 $E:\frac{x^2}{a^2}-\frac{y^2}{b^2}=1(a>0,b>0)$ 的左、右两个焦点分别为 F_1,F_2,以原点 O 为圆心,OF_1 为半

径作圆,与双曲线 E 相交。若顺次连结这些交点和 F_1,F_2 恰好构成一个正六边形,则双曲线 E 的离心率为(　　)

A. $\sqrt{3}$　　B. 2　　C. $\sqrt{3}+1$　　D. 3

13.《义务教育数学课程标准》(2022 年版)指出,通过义务教育阶段的学习,学生能对数学具有好奇心和求知欲,了解数学的价值,欣赏数学美,提高学习数学的兴趣,建立学好数学的信心,养成良好的学习习惯,形成质疑问难、自我反思和(　　)的科学精神。

A. 乐于奉献　　B. 甘为人下

C. 躬行实践　　D. 勇于探索

14. “相等”与“不相等”这两个概念之间的关系为(　　)

A. 对立关系　　B. 属种关系

C. 矛盾关系　　D. 交叉关系

15. 由“$\frac{1}{2}<\frac{2}{3}$,$\frac{2}{3}<\frac{4}{5}$,$\frac{2}{4}<\frac{5}{7}$”得出:“若 $a>b>0$ 且 $m>0$,则 $\frac{b}{a}<\frac{b+m}{a+m}$”这个推导过程使用的方法是(　　)

A. 数学归纳法　　B. 演绎推理

C. 类比推理　　D. 归纳推理

二、填空题(本大题共 5 小题,每小题 3 分,共 15 分)

16. 采用系统抽样方法从 960 人中抽取 32 人做问卷调查,为此将他们随机编号为 1,2,…,960,分组后在第一组采用简单随机抽样的方法抽到的号码为 9,抽到的 32 人中,编号落入区间[1,450]的人做问卷 A,编号落入区间[451,750]的人做问卷 B,其余的人做问卷 C,则抽到的人中,做问卷 B 的人数为________。

17. $\lim\limits_{x\to 0}\frac{\sin^2 x}{1-\cos^3 x}=$________。

18. 盒子中装有标有数字且大小相同的小球,其中 m 个小球标有数字 1,3 个小球标有数字 3,2 个小球标有数字 5。若从盒子中任取 2 个球,可得这两个球所标数字之和为 6 的概率是$\frac{13}{45}$。若从盒子中任取 3 个球,则三个球所标数字之和小于 10 的概率为________。

19. 直线 $x+y+2=0$ 分别与 x 轴,y 轴交于 A,B 两点,点 P 在圆$(x-2)^2+y^2=2$ 上,则$\triangle ABP$ 面积的取值范围是________。

20. 推理一般包括________和________。

三、解答题(本大题共 5 小题,每小题 10 分,共 50 分)

21. 设数列$\{a_n\}$满足 $a_1=\frac{3}{5}$,$a_{n+1}=\frac{3a_n}{a_n+2}(n\in \mathbf{N}_+)$。

(1)求 a_2,a_3 的值;(2 分)

(2)求证:$\left\{\frac{1}{a_n}-1\right\}$是等比数列,并求$\lim\limits_{n\to\infty}\left(\frac{1}{a_1}+\frac{1}{a_2}+\cdots+\frac{1}{a_n}-n\right)$的值;(3 分)

(3)记$\{a_n\}$的前 n 项和为 S_n,是否存在正整数 k,使得对于任意的 $n(n\in \mathbf{N}_+$且 $n\geqslant 2)$均有 $S_n\geqslant k$ 成立?若存在,求出 k 的值;若不存在,请说明理由。(5 分)

22. 如图,三棱柱 $ABC-A_1B_1C_1$ 中,$CA=CB$,$AB=AA_1$,$\angle BAA_1=60°$。

(1)证明:$AB\perp A_1C$;(4 分)

(2)若平面 $ABC\perp$平面 AA_1B_1B,$AB=CB=2$,求直线 A_1C 与平面 BB_1C_1C 所成角的正弦值。(6 分)

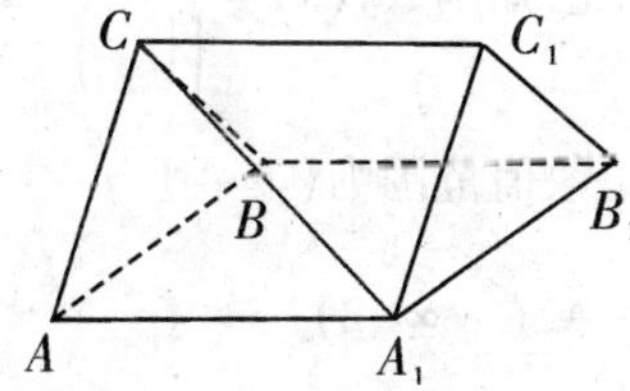

23. 设$f(x)=\frac{1}{2}(x-5)^2+a\ln x$,其中$a\in\mathbf{R}$。

(1)若曲线$y=f(x)$在点$(1,f(1))$处的切线与y轴交于点$(0,6)$,求$f(x)$的单调区间;(4分)

(2)设$f'(x)$是$y=f(x)$的导函数,$g(x)=x-5+2e^{2x}$,讨论$g(x)=f'(x)$的零点个数。(6分)

24. 已知椭圆$G:\frac{x^2}{a^2}+\frac{y^2}{b^2}=1(a>b>0)$的离心率为$\frac{\sqrt{6}}{3}$,右焦点为$(2\sqrt{2},0)$,斜率为1的直线$l$与椭圆$G$交于$A,B$两点,以$AB$为底边作等腰三角形,顶点为$P(-3,2)$。

(1)求椭圆G的方程;(4分)

(2)求$\triangle PAB$的面积。(6分)

25. 空地上有一段长为a米的旧墙MN,某人利用旧墙和木栏围成一个矩形菜园$ABCD$,已知木栏总长为100米。

(1)已知$a=20$,矩形菜园的一边靠墙,另三边一共用了100米的木栏,且围成的矩形菜园面积为450平方米,如图1,求所利用旧墙AD的长;(4分)

(2)已知$0<a<50$,且空地足够大,如图2,请你合理利用旧墙及所给木栏设计一个方案,使得所围成的矩形菜园$ABCD$的面积最大,并求面积的最大值。(6分)

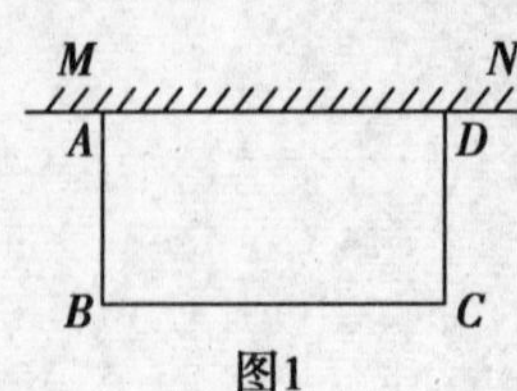

图1

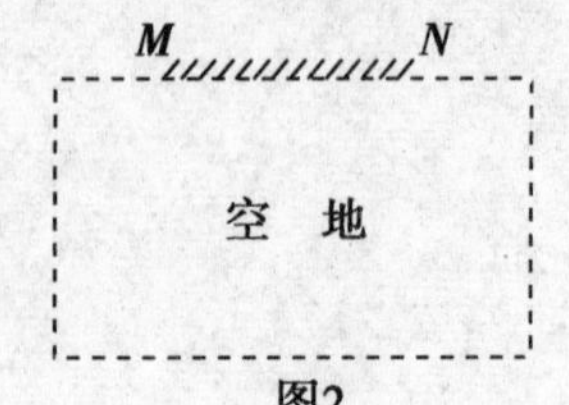

图2

四、综合题(本大题共2小题,第26小题10分,第27小题15分,共25分)

26. 在解答下面的题目时有同学的答案及解析过程如下。

判断:函数$f(x)=(x-1)\sqrt{\frac{1+x}{1-x}}$的奇偶性为________。

解:偶函数。$f(x)=(x-1)\sqrt{\frac{1+x}{1-x}}=\sqrt{\frac{(1+x)(1-x)^2}{(1-x)}}=\sqrt{(1+x)(1-x)}=\sqrt{1-x^2}$,所以

$f(-x)=\sqrt{1-(-x)^2}=\sqrt{1-x^2}=f(x)$,所以函数$f(x)$为偶函数。

问题:

(1)指出解题过程中的错误之处;(4分)

(2)给出正确解法,并简述应采用哪些教学措施避免此类错误的发生。(6分)

27. 下面是“用向量方法证明空间线面关系的定理”课题的部分教学目标与学生学习起点能力分析，请据此给出本课题的教学过程设计。

教学目标：能用向量语言表述线线、线面、面面的平行和垂直的位置关系。能用向量方法证明空间三垂线定理、直线与平面垂直的判定定理。在探索证明途径的过程中掌握数学思考的方法。

学习起点能力：掌握必修内容中的空间线面位置关系；理解直线方向向量、平面法向量的数学意义；掌握数形结合的思维方法，具有初步进行数学定理证明的能力。